中国海洋金融问题研究

——以浙江舟山群岛新区为例

浙江舟山群岛新区海洋金融研究院　著

ZHEJIANG UNIVERSITY PRESS
浙江大学出版社

图书在版编目(CIP)数据

中国海洋金融问题研究:以浙江舟山群岛新区为例 / 浙
江舟山群岛新区海洋金融研究院著. —杭州:浙江大学出
版社,2016.9
ISBN 978-7-308-15935-7

Ⅰ.①中… Ⅱ.①浙 … Ⅲ.①地方金融—海洋经济
研究—舟山市 Ⅳ.①F832.755.3 ②P74

中国版本图书馆 CIP 数据核字(2016)第 123485 号

中国海洋金融问题研究——以浙江舟山群岛新区为例
浙江舟山群岛新区海洋金融研究院 著

责任编辑	傅百荣	
责任校对	梁 兵	
封面设计	张忠明	
出版发行	浙江大学出版社	
	(杭州市天目山路 148 号 邮政编码 310007)	
	(网址:http://www.zjupress.com)	
排 版	杭州隆盛图文制作有限公司	
印 刷	浙江省良渚印刷厂	
开 本	710mm×1000mm 1/16	
印 张	10.75	
字 数	182 千	
版 印 次	2016 年 9 月第 1 版 2016 年 9 月第 1 次印刷	
书 号	ISBN 978-7-308-15935-7	
定 价	45.00 元	

序　一

2011 年，经国务院批复，舟山成为首个以海洋经济为主题的国家级新区。近年来，舟山经济快速发展，总量规模不断扩大。2015 年，全市地区生产总值达到 1095 亿元，人均 GDP 约 9.52 万元，5 年平均增长 9.9%。2015 年全市 GDP 增速居全省各市第二位，固定资产投资、规模以上工业总产值和增加值、农林牧渔业增加值等指标增速也居全省首位。新区目前已经形成了以临港工业、港口物流、海洋旅游、海洋渔业等为支柱、具有鲜明海洋特色的开放型经济体系，并逐步向综合性现代海洋经济转型。

2015 年全市海洋经济总产出 2653 亿元，按可比价计算，增长 10.0%。海洋经济增加值 766 亿元，增长 9.6%，海洋经济增加值占 GDP 比重达到 70.0%，成为全国地级市中海洋经济比重最大的城市。2015 年，全市水产品总产量 176.46 万吨，其中远洋渔业总产量 46.52 万吨。近年来远洋渔业产量占比逐步提升，远洋渔业是全市特色产业，具有显著的优势，全市年远洋渔业捕捞总量约占全国的 20% 和全省的 80%。

临港工业较快增长。2015 年，全市规模以上工业总产值 1681.93 亿元，其中临港工业总产值 1420.03 亿元，年增长 13.0%。作为舟山重大支柱产业的船舶修造业总产值 859.98 亿元，年增长 12.9%，造船完工量 422 万载重吨，占全国的 10.1%，新承接订单 397 万载重吨，占全国的 12.7%，手持订单 1601 万载重吨，占全国的 13.0%，在国内占有一席之地。

港口物流产业平稳发展。全市利用港口资源优势，大力推进宁波—舟山港口一体化，新区港口物流业加快发展。2015 年全市实现港口货物吞吐量 37925 万吨，集装箱吞吐量 80.22 万 TEU，海运货运量为 18548 万吨，海运货运周转量达到 2369.68 亿吨公里。

海洋旅游增势良好。近年来，全市加快推进海岛休闲旅游基地建设，成功举办国际海岛旅游大会、国际沙雕节、舟山群岛国际马拉松赛事等,利用舟山佛教文化、海洋旅游的资源优势,大力开发海岛民宿、运动休闲、海鲜美食、渔家风情等旅游特色产品,旅游产业快速增长,到 2015 年末全市旅游接待人数3876.22 万人次,实现旅游总收入 552.18 亿元。

未来,舟山按照群岛新区总体规划和"十三五"规划纲要,重点围绕江海联运服务中心建设、绿色石化基地建设等重大任务,积极推动国际物流枢纽岛、对外开放门户岛、海洋产业集聚岛、国际生态休闲岛、海上花园城等建设,利用国家"海洋强国"战略、"一带一路"和长江经济带建设的重大机遇,坚持改革创新、先行先试的理念,争取将舟山打造为国际性的自由贸易港。

随着全市海洋经济的快速发展,海洋金融业总体上也持续平稳发展。2015 年末全市金融总量余额 2807.42 亿元,金融机构融资总量 2655.75 亿元,直接融资总量 140.29 亿元,其中市内银行融资总量余额 1730.55 亿元,较 2010 年增加 586.19亿元。在总量不断增长的同时,资金和投向结构不断优化,资金来源逐步多元化,有效满足了全市海洋经济发展的资金需求,支持了海洋经济的发展。

一是推动资金重点投向海洋产业,为海洋经济发展提供有效保障。海洋产业,尤其是涉海的制造产业,属于资本密集型产业,对资金的需求量大,离不开海洋金融服务的配套和支撑。2015 年末,全市金融机构船舶海运、港口物流业、水产品加工及渔农业的融资余额分别为 127.03 亿元、225.62 亿元、64.33 亿元及 45.54 亿元,支持海洋产业的发展。

二是各类海洋金融创新有力提升对海洋经济的服务水平。近些年来,全市各金融机构针对全市海洋经济的特点,积极开展如海域使用权抵押等各类担保服务创新,进一步扩大涉海资产的运用。同时,积极发展直接融资,加快利用各种直接融资渠道,成功发行全国首单非上市企业公司债和全省首单融资租赁资产证券化项目,有力拓展海洋经济融资渠道。

三是转变金融服务方式,加快推进海洋产业转型升级。受经济形势和产业周期的不利影响,全市两大支柱海洋产业即船舶行业与海运业出现较大困难,融资余额也呈现下滑态势。船舶、海运等行业受到银行信贷政策限制,面临去产能、去杠杆和转型升级的压力。转变金融服务方式,成为海洋金融发展的题中之义。近年来,在加大金融资源向海洋产业倾斜的同时,船舶并购产业基金、航运基金以各类风险投资基金等逐步设立,成为促进行业平稳发展、转型升级的有力杠杆。

　　金融业是一个知识密集型的行业,新的问题、新的现象层出不穷。海洋金融作为一个新的研究领域,目前尚未得到学术界的广泛重视,在实践过程中也缺少完整、科学的经验总结。开展海洋金融研究,不仅具有较高的研究价值,更对开展海洋金融实践、推动海洋金融业务的不断深化,对于新区海洋经济发展,有着更为重要的意义。

　　为了解决金融服务海洋经济存在的诸多问题,我们在积极推动金融机构转变观念、创新金融服务的同时,加快推进传统金融机构向专门服务海洋经济的专业性海洋金融机构转变。在这过程中,海洋金融作为新的研究领域,需要深入开展各项研究,探索和破解海洋金融发展中存在的问题和障碍,为海洋金融发展提供方向上的指引和方法上的指导。为此,我们积极推动海洋金融的研究工作,总结前期海洋金融活动的经验和教训,开拓创新、抛砖引玉,在引起金融学术和实务界重视的同时,支持处于初期的海洋金融发挥好对海洋产业的保障和支持作用,进一步推动舟山海洋经济金融的科学发展。

周伟江

2016 年 8 月 30 日

序　二

　　浙江舟山群岛新区作为国务院批准的我国首个以海洋经济为主题的国家战略层面新区,其发展创新对于实现国家经济战略转型升级具有重要引导示范作用,肩负着为全国探索形成一套可复制、可推广的海洋经济发展经验的历史使命。海洋经济作为资金和技术密集型经济,其发展壮大离不开金融要素的支持和金融产业的支撑,完善的金融服务体系能够高效快捷地调动资金、技术、人才和先进的管理经验,这是舟山群岛新区建设发展的重要条件。

　　金融深化和改革创新,可以拓展海洋产业融资渠道,推动投融资便利化。涉海企业公开发行上市和发行债券,能够引领行业发展,做大做强本土优势企业,丰富企业融资方式,缓解融资压力;融资租赁,可以拓展船舶销售方式,开拓海内外市场;股权投资,可以培育新兴海洋科技企业,推动科技创新;金融衍生工具创新,可以帮助涉海企业合理管控风险,规避对外贸易中市场和汇率波动风险,实现保值增值;完善的海洋金融制度设计和安排,可以有效地吸引资金、技术向海洋经济集聚;具有鲜明特色的海洋金融产业集聚区的形成在促进海洋产业发展的同时也将推动资金、信息、产业链的集聚和整合,并对其他产业的推动作用也将十分显著。因此,新区应充分利用"先试先行"政策优势,着力推进金融改革创新,为新区海洋经济发展构建一套完善的金融服务体系,助推海洋经济发展。

　　近几年来,舟山群岛新区加快引进银行、证券、期货、保险等金融机构,并取得了积极成果。首先,融资总额显著提高,截至 2015 年末,新区金融总量余额2807.41 亿元,其中直接融资余额 140.29 亿元;其次,在充分利用市内金融机构资金的同时,积极吸引市外资本,成果明显。金融机构融资总量 2655.74 亿元,其中市内银行融资总量 1730.55 亿元,市外金融机构融资总量 925.20 亿元。

　　舟山作为国家级新区,无论从省内兄弟城市、还是从其他新区的情况对比来看,金融业的发展水平还是不够的,金融对海洋产业的支持力度相对不足,舟山新区金融业仍有很大的提升空间。从地区金融实力来看,舟山群岛新区处于相对靠后的位置,2015年新区金融业增加值66亿元,占GDP的比重仅为6.03%,不仅低于全省平均水平,与杭州等金融较为发达的城市相差甚远,也低于重庆两江、横琴等其他新区。从金融体系发展水平来看,新区金融机构体系不完善,缺乏具有代表性的城市商业银行及实力雄厚的本地金融机构,金融机构类型相对单一,导致金融服务和产品单一,无法满足海洋产业多样化的金融需求。金融人才储备相对缺乏,金融发展所需要的法律、结算、咨询等配套服务设施欠缺。

金融发展存在的问题主要表现在以下三个方面:首先,融资结构比较单一,直接融资占比少。融资过度依赖于银行信贷,融资渠道单一,虽然近年来新区在直接融资有所突破,实现了全省首个融资租赁资产证券化,发行了全国首单非上市公司债。但总体水平有限,仍以银行融资为主,直接融资占比仅为5%左右,且直接融资结构也不尽合理,融资结构单一的现状仍未得到有效改善。其次,市内外金融机构融资结构不合理,市外金融机构融资占比高,新区金融机构难以满足本地经济发展需求,本地金融业发展相对不充足。再次,金融机构体系不合理。新区以金融分支机构为主,机构体系不完善,缺少法人银行机构和非银行金融机构。

基于舟山新区金融发展存在的问题以及未来发展新趋势,"十三五"时期新区金融业发展的总体思路是建设"浙江省海洋产融结合创新示范区"。紧密对接浙江省"十三五"金融业发展和舟山新区"十三五"规划的总体目标,以舟山海洋金融支持海洋产业发展为主线,以金融业自身发展为辅线,重点探索海洋金融支持海洋经济的各种渠道和实现机制,实施六大主要举措,推动舟山海洋产业与金融产业互动发展。

一是完善海洋基础设施融资创新体系。围绕新区重大创新任务,进一步完善银行信贷等传统融资渠道。鼓励开展债券融资,运用股权投资基金、产业基金,拓展海洋基础设施直接融资渠道。加快推广PPP,丰富融资模式,创新吸纳社会资本,支持舟山海洋基础设施建设。推动船舶制造业等企业开展融资租赁业务,丰富企业融资渠道。鼓励金融机构创新融资产品,积极引入保险资金,为新区建设提供长期、稳定、低成本的资金支持。探索创新企业资产证券化新模式,盘活涉海资产,完善新区融资创新体系。

二是打造资本市场舟山海洋金融板块。以推进普陀山旅游股份上市为突破,搭建国有资产与资本市场通道,为打造资本市场舟山旅游板块开辟新路;积极推动舟山港航物流企业的上市与融资,利用浙江省港口战略联盟,打造资本市场舟山物流板块。加快促进舟山现代海洋渔业企业在新三板挂牌,利用集群效应培育出一批具有引领示范作用的龙头企业。大力发展以舟山临港工业为重点的涉海制造产业和高新技术产业,做好产业发展支持和培育,为对接多层次资本市场提供新的可能。鼓励舟山非上市企业继续利用债务工具融资,拓展多元化融资渠道。促进以金塘螺杆产业为代表的本地优势产业,对接资本市场助推产业转型升级。

三是重点推进舟山海洋产业金融链建设。大力发展海洋投贷联盟,建立政府发起,股权投资、银行、担保公司及其他相关机构组成的海洋投贷联盟体系。引导金融机构支持大宗商品交易发展,建立大宗商品交易金融服务体系。积极建设渔农村金融服务体系,增强金融机构在渔农村的服务功能。鼓励引入非银行金融机构和类金融机构,推进金融中介服务体系建设。探索设立或将现有市级分行转型为符合舟山海洋经济发展的专业性银行,争取在人事、审批权限和考核方面与其他分行差异化对待,拥有更多自主权和专业性,在海洋经济领域深耕细作。加快构建和完善海上保险保障体系,创新保险产品,丰富保险种类。支持发展P2P和众筹等互联网投融资平台,积极推动发展与海洋产业关联的互联网金融业态。

四是构建海洋金融创新产业集聚地。完善区域性港口物流金融服务功能,发展供应链金融和物流金融,探索设立区域性港口物流金融服务中心。创新船舶产业融资模式,建立综合性金融服务体系。综合利用各种外汇产品,创新开展贸易融资。利用舟山佛教文化和海洋旅游特色吸引各类股权投资机构落户舟山,形成产业集聚,探索推进朱家尖禅意文化金融走廊建设,完善海洋经济创新创业投融资功能。完善海洋科技金融体系建设,引导科技金融机构集聚,助力中小企业科技创新。

五是提升舟山海洋金融的国际化程度。利用新区"先试先行"的政策优势,积极对接上海国际金融中心建设,争取上海自贸区金融政策和制度的复制,推进新区金融开放创新。深化新区外汇管理改革创新,实行差异化的外汇政策,合理加快新区资本项目的可兑换进程,开展大宗商品交易跨境结算,便利转口贸易跨境收支,支持舟山自贸区建设。利用人民币国际化的大背景,加快推进新区跨境人民币政策创新,便利跨境人民币合理进出舟山,探索打造跨境人民币离岸业务中心。积极开展离岸金融业务制度建设和政策创新,探索构建离岸与在岸的有限渗透渠道。

六是完善舟山金融风险监管体系。海洋金融创新要处于金融监管框架之内,规范金融创新活动,创新海洋金融风险防范模式,引导资金以合理、有序、有效的方式投向海洋经济,形成多层次、多角度的地方金融监管体系是海洋金融健康发展的应有之义。积极推动政银企积极配合形成合力,重点防范与化解新区"两链风险"。

近年来,为深化改革创新,构建新区开发开放新体制,市金融办围绕新区重大改革创新项目和重点任务,大力推进金融研究工作,积极发挥金融办"助发展、当参谋、防风险"的职能作用,在海洋特色产业金融服务、地方金融风险防范和处置、跨境金融政策创新探索、对接利用资本市场方式方法以及引进各类资金、扩大投融资渠道等方面进行了积极探索,为做好新区金融保障工作、有效促进政府金融工作的科学性做了大量工作。面对日益复杂的经济金融形势和区域金融风险不断上升的挑战,还需要进一步加强对新区金融工作中的难点、热点问题的研究,进一步提升金融研究工作水平,为新区推进金融改革创新和发展海洋金融等提供科学指导,充分发挥新区金融支持海洋经济的保障作用,推动新区金融业与海洋特色产业持续健康发展。

康华平

2016 年 8 月 20 日

目　录

中国海洋金融问题研究——以浙江舟山群岛新区为例

1　金融支持舟山远洋渔业研究

【摘　要】　本章详细介绍舟山远洋渔业发展及金融支持的现状,认为远洋渔业存在行业格局散乱、融资渠道单一等问题。在此基础上,我们进一步对远洋渔业行业发展前景和趋势做了分析判断,并结合产业并购、供应链金融与行业发展关系的理论论述和分析,提出了金融支持舟山远洋渔业发展的总体思路和举措建议。我们建议通过发展产业基金、供应链金融和进一步丰富金融服务体系等举措,在解决产业融资问题的同时,将有效促进远洋渔业产业并购整合和产业链的高效协同。

【关键词】　远洋渔业;金融支持;并购;供应链金融;举措建议

1.1　现状和问题

1.1.1　舟山市远洋渔业发展现状

近几年,舟山市远洋渔业快速发展,截至 2014 年年底,全市远洋渔业资格企业达到 30 家,远洋渔船 450 艘,形成了一支在全国有重要影响力的远洋捕捞船队,逐步构建了集渔船修造、远洋捕捞、海上运输、冷藏储运、加工贸易等一体化的远洋渔业产业体系。全市远洋渔业总产量从 2009 年 10.24 万吨增加到 2014 年 39.3 万吨,实现产值 28.1 亿元,产量五年平均增长率达到 32%,约占全国远洋渔业总产量的 20%、浙江省的 85%①。从有数据统计的 1991 年起计

---

① 以上数据来自舟山市远洋渔业局及《舟山渔业》2015 年第 1 期。

算,到 2014 年,全市远洋渔业产量年均复合增长率 41.80%[①]。其中,舟山的远洋鱿钓业特色鲜明、优势明显,形成了以大洋性鱿钓为主体的远洋渔业结构,2014 年末全市远洋鱿钓船达到 365 艘,鱿鱼年产量 36 万吨,占全国鱿鱼产量的60%以上,居全国之首[②]。见图 1.1。

2015 年舟山获得国家农业部批复,正式成为国家远洋渔业基地。随着远洋渔业基地的加快建设,舟山作为全国最大的远洋渔业生产配套基地、远洋自捕鱿鱼输入口岸和国内主要的远洋水产品加工地区,在行业内的影响力越来越大。

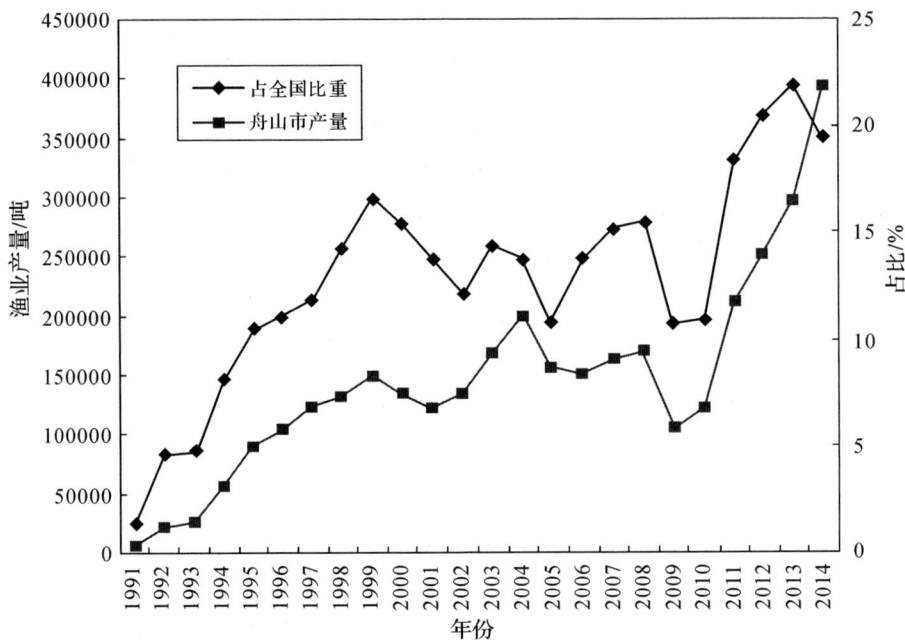

图 1.1 舟山市历年远洋渔业产量(1991—2014)

数据来源:《2013 中国渔业统计年鉴》、2013 年全国渔业经济统计公报、2014 年全国渔业经济统计公报,2014 年舟山统计年鉴及 2014 年舟山统计公报。

1.1.2 舟山市远洋渔业行业发展存在的问题

一是行业格局的散和弱,缺少龙头企业。目前舟山市的宁泰、海利、平太荣等远洋捕捞企业规模相对较大,部分企业也逐步拓展了业务领域,但作为组织

---

① 以上数据来自 2014 年舟山统计年鉴及舟山市远洋渔业局。

② 以上数据来自舟山市海洋与渔业局。

化强、产业配套完善的龙头骨干企业仍然较少。加工贸易行业利用远洋捕捞行业散、小的特点,利用远洋渔业行业弱点,采用多种方式抢夺市场主动权,压低远洋渔货的采购价格。究其根本原因,还是舟山市远洋渔业产业横向和纵向的整合不足,抗风险能力弱,在产业中处于弱势地位。由于发展历史和经营观念的原因,舟山市远洋渔业行业发展具有明显的群众性特点,与以龙头企业为主的山东、福建等地相比,在经营理念方面有着截然不同,难以合作开展公司化、规模化的运作和组织。

二是经营机制不顺。舟山市相当部分远洋渔船属于挂靠船,为适应农业部对远洋渔船的管理要求,名义上、监管上以及法律上为挂靠的有资质公司所有,但实质上个人所有、独立核算。据舟山市远洋渔业局提供的数据,各种形式的挂靠船占比接近70%①。挂靠船这种管理体制一定程度上埋下了诸多法律风险和监管问题,一旦出现问题处理难度较大,对开展金融等相关业务也形成一定的影响。

1.1.3　金融支持现状和问题

(一)总体情况

根据调研走访②,舟山市远洋渔业企业主要通过银行进行融资,基本上能够满足企业正常运营的需要。一是从长期资金需要看,舟山市远洋渔业行业从快速发展期逐渐转入调整期,新船建造大幅减少导致远洋渔业项目贷款需求下降,目前主要以旧船更新改造贷款为主。二是从短期资金需求看,银行通过渔船抵押、渔货质押以及股东个人资产抵押担保等方式提供流动资金贷款满足生产需要,接受调研的远洋企业多数反映经过各方努力基本上能够满足企业正常经营的资金需要。三是总体上相关银行针对远洋渔业企业需要提供了"银渔通"、"出海贷"③等各种贷款产品,基本能够涉及远洋渔船修造、生产、储存等整

---

① 据舟山市海洋与渔业局提供的情况,全市签署代理协议方式挂靠与以名义持有方式挂靠的远洋渔船分别约占总数的30%和40%。

② 2015年上半年,舟山市金融办对全市远洋渔业发展情况进行了调研,走访了该市重点远洋渔业企业及相关银行等。

③ "银渔通"是由普陀农商行提供的支持远洋渔业信贷产品,2011年鱿鱼产量大增,价格下跌、销售困难,为此,普陀区渔民组建专业合作社,由会员共同出资960万元,普陀农商行提供1:6的配套贷款,合作社提供贷款担保,解决了远洋渔民担保难、贷款难的问题,有力支持了生产流动资金。"出海贷"是由民生银行舟山分行提供的信贷产品,为远洋渔船出海捕鱼提供流动资金贷款。

个产业链条的各个环节。以 700 万元造价的渔船为例,政策补贴约 200 万元,渔民自有资金 200 万元,银行提供项目贷款 300 万元、出海流动资金贷款 300 万元,此外也提供部分抵押率为 50% 的存货质押贷款[①]。

(二)金融支持存在的问题

(1)融资渠道单一,过于依靠银行。调研发现舟山市远洋渔业企业主要以银行贷款为主,除了较少的几笔融资租赁公司提供的银行委托贷款外,基本上没有其他融资渠道,对上市、股权融资等直接融资方式尽管兴趣较大,但总体认识不足、缺少经验。2014 年以来,舟山市部分银行因出现较大风险导致放贷权力上收,而上级行对远洋渔业产业的理解相对不足,导致远洋渔业企业很难申请新增贷款,在过度依靠银行融资的境况下,就出现了一定程度上的融资困难。

(2)获得融资较为不易,银行对行业特性理解和服务能力的错位和偏差导致其支持力度不够。一方面,银行为分散风险,使得远洋渔业企业通常无法从单家银行获得全部资金,需要向多家银行贷款,增加了成本费用、降低了效率;另一方面,银行提供的贷款规模弹性小,只能满足企业正常的经营,一旦企业因生产周期延长、选择有利销售时机等因素需要追加贷款规模和延长贷款期限时,银行因控制风险等因素,其支持力度显得相对有限。

(3)利用民间融资存在风险隐患。群众性是舟山市远洋渔业的特点,远洋渔业企业基本以散、小、弱为主,大量的个体船老板拼股经营一条船,并挂靠到规模较大的企业里。其中,集资造船涉及民间融资,存在民间借贷风险。由于这些挂靠船通常无法通过挂靠企业获得银行贷款,需要自己向银行申请贷款,资金能力筹集能力较弱,一旦生产经营行情较差,出现生产资金周转问题时,容易涉及高利贷借款,存在一定的风险隐患。

1.2 远洋渔业发展趋势

1.2.1 国家政策大力支持

远洋渔业是利用国外和公海的渔业资源进行捕捞,然后销往国际市场的外

---

① 以上数字来自调研舟山普陀农商行。

向型产业,具有资源与市场"两头在外"的特点,属于积极支持发展和扶持的产业。《我国远洋渔业发展总体规划》(2001—2010 年)将远洋渔业列为国家重点支持和鼓励的行业。近年来,我国出台和实施了税收减免、造船资本金补贴、贷款贴息、柴油补贴政策,安排专项资金支持公海探捕等一系列优惠政策给予扶持和支持。2015 年舟山的国家远洋渔业基地获得农业部批复,将为新区建设国家级远洋渔业基地提供重大的政策支持。

1.2.2　产业的发展潜力大

一是远洋渔业有一定的行业壁垒,从事该行业的企业必须获得渔业主管部门批准的远洋渔业资格,从事过洋性渔业的企业,必须要获得沿海国的捕捞许可证,从事公海渔业的企业,必须要遵守区域性渔业管理组织的规定,未来鱿钓船及金枪鱼船新增较难。

二是市场将稳步拓展。高价值远洋鱼类产品逐渐被人们认可并重视,随着人口增长、生活水平的提高和人们对水产品营养价值的逐步认识,国内优质水产品市场需求量和消费群体将逐步扩大。特别是 2009 年以来,随着我国远洋渔业捕捞量的增加,远洋水产品运回国内量占比也逐步增加,如图 1.2。同时,发达国家对高价值鱼类的需求大部分需要依靠远洋渔业供应,尽管受到金融危机的影响,近年来市场需求有所下降,但是长期来看,仍有广阔的发展空间。

1.2.3　远洋渔业生产经营水平将进一步提升

一是渔民的素质将稳步提升。由于近年来,远洋渔船扩张过快,导致渔民,特别是渔船管理人员的素质跟不上,使得管理水平有待提升,未来随着企业管理的完善以及捕捞作业经验的提升,远洋渔业管理水平将逐步提高。

二是远洋渔船不断向专业化发展,自动化程度将进一步提升,数字化、工程化技术装备将不断得到应用,各种捕捞新技术如遥感技术、空间定位系统、信息技术、生物技术等高新技术,将有利促进我国现代远洋渔业的发展。

1.2.4　行业进入调整发展的阶段

近年来,我国对远洋渔业和远洋渔船制造行业的规范调整政策,以促进行业健康发展,2014 年以前的产能过剩情况将逐步得到调整。以舟山市为例,2009 年以来,舟山市远洋渔船数量快速增加,新建远洋渔船 240 艘,累计投资

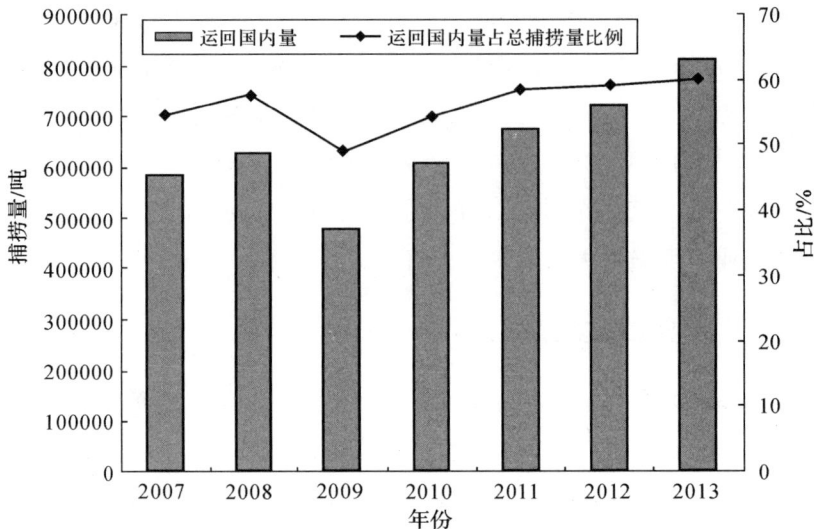

图 1.2　全国远洋水产品运回国内量(2007—2013)

数据来源:2008—2014 年《中国渔业统计年鉴》。

30 多亿元。面对前些年快速发展,目前行业已逐步进入新的消化和调整产能阶段。2015 年 1—4 月,舟山鱿鱼进关量 16 万吨,同比增加 63%,在鱿鱼取得历史新高同时,国外进口鱿鱼剧增、国内外市场订单减少等因素,导致鱿鱼价格大幅下跌,目前全市远洋鱿鱼库存已达到 18 万~20 万吨,供需矛盾的压力增大,行业发展面临一定困难①。

1.3　理论基础

从金融与产业发展关系来看,金融体系拥有融通资金、集中资本、交易结算、形成价格、分散风险、缓解信息不对称等六大功能(Merton,1995)。金融支持产业发展,除了提供有效融资服务,发挥资金要素保障功能,更重要的是通过金融服务创新和各种资本工具,引导和促进产业的提升发展。结合远洋渔业发展现状和迫切问题,我们认为金融支持将重点体现在促进并购和开展供应链金融两大方面,以解决资金和产业格局调整问题,充分发挥金融六大功能。

---

① 数据及资料来源:舟山信息(每日关注)2015 年第 87 期。

1.3.1 并购和产业发展的关系

(一)不同产业发展阶段对并购有不同的影响

(1)产业生命周期理论和并购活动。根据产业生命周期理论(ILC),产业在演进过程中会经历不同的发展阶段,可以将产业演进划分成形成期、成长期、成熟期和衰退期四个阶段。如果以产业销售额来衡量产业周期表现的话,我们可以得到一条随着时间变化的 S 型曲线。当产业处于形成期时,产业规模小,当处于成长期时,产业的产出占整个产业系统比重迅速上升,而当产业处于成熟期时,市场缓慢扩张,总体产量保持稳定,到了衰退或蜕变期,需求萎缩,产出下降。从产业生命周期理论来看并购,我们可以发现不同发展阶段的产业,拥有不同的行业特征,对并购活动有着不同影响。

(2)产业生命周期和并购动机。Deans 等(2004)基于企业并购并以企业的并购整合作为产业演进主逻辑提出的产业演进理论。该理论以产业演进曲线为核心,将产业演进过程划分为初创、规模化、集聚、平衡和联盟四个阶段。周邵妮和文海涛(2013)在此基础上,提出企业并购动机很大程度上受到产业演进阶段的影响,产业演进不同阶段,其并购情况各不相同,而影响企业并购动机的因素中,最为关键的是企业所处环境的推动,即产业演进阶段,具体如表 1.1。陈玉罡和李善民(2007)从显现和隐性交易成本的角度进行了分析,认为并购发生的可能性,不仅与资产专用性、中间产品市场的不确定性等显性交易成本相关,也与公司的成长性等隐性交易成本相关,侧面印证了企业成长阶段与并购活动的关系。

表 1.1　产业演进各个阶段企业并购动机

产业演进阶段	企业并购动机
阶段Ⅰ:初创阶段	获取市场份额
阶段Ⅱ:规模化阶段	获取规模效应
阶段Ⅲ:集聚阶段	提升企业核心竞争力
阶段Ⅳ:平衡和联盟阶段	分散风险

表来自周邵妮和文海涛.基于产业演进、并购动机的并购绩效评价体系研究[J].会计研究,2013(10).

（3）产业生命周期和并购策略及绩效。有研究表明处于成长性产业的公司进行横向并购绩效相对最好，处于成熟性产业的公司进行纵向并购绩效相对最好，从行业生命周期理论进行具体分析来看，当行业处于成长末期和成熟初期，企业随着利润最大化驱动和竞争压力的增加，进行横向并购达到规模效应，提升企业行业竞争力，而当行业进入成熟末期和衰退初期时，纵向并购可以进一步降低成本，从而保持持续竞争能力（范从来、袁静，2002）。刘笑萍、黄晓薇和郭红玉（2009）通过对不同产业周期阶段、不同并购类型的并购效应的实证检验，发现企业并购绩效的优劣不仅取决于并购类型，更与并购双方的产业周期有关，行业生命周期显著影响了并购活动，当考虑并购的行业周期因素市，横向并购与多元化并购绩效存在显著的差异。

（二）并购对产业发展有不同的效应

（1）并购推动产业的新陈代谢。Andrade 和 Stafford（1999）认为并购重组对产业有扩张和收缩的功能——横向并购提高产业集中度，起到扩张的功能；并购重组解决产能过剩问题，促使企业退出产业，起到收缩的功能。Deans 等（2004）认为在规模化阶段会发生横向并购，产业领导者出现；在集聚阶段，并购重组促进产业内企业退出，解决产能过剩问题。

（2）并购对企业能够发挥的不同促进作用。李心丹、朱洪亮、张兵和罗浩（2003）经过实证研究后认为并购活动总体上提升了公司经营管理效率，同时并购后几年继续保持了效率稳步提高的趋势，特别是战略性并购能够无论从短期还是长期都能给公司绩效带来根本上的提升，实现规模经济和协同效应。冯根福和吴林江（2001）认为并购重组在一定程度能够改善公司绩效、提升公司价值。李善民和陈玉罡（2002）实证研究表明，结果表明并购能够给收购公司的股东带来显著的财富增加。张新（2003）理论分析认为我国经济的转轨加新兴市场的特征为并购重组提供了通过协同效应（Synergy Effect）创造价值的潜力，而实证研究表明并购重组为目标公司创造了价值。潘红波、夏新平、余明桂（2008）研究发现地方政府干预对盈利样本公司的并购绩效有负面影响，而对亏损样本公司的并购绩效有正面影响。

（三）远洋渔业产业的发展阶段需要并购来促进

从行业发展趋势看看，远洋渔业产业进入了调整阶段。目前，我国远洋渔业捕捞量和加工市场需求量之间存在矛盾、国内外市场依赖程度不协调、局部利益与产业整体利益之间不协调等三大瓶颈。从远洋渔业产量来看，行业具有了成长期的进一步规模化发展和提升生产技术的特点,也具有提升核心企业竞争力水平,推动产业集聚发展、提升产业集中度的特点。因此,我们认为根据产业发展阶段对并购的理论及实证关系,针对目前远洋渔业所处的产业发展阶段,有必要支持和促进远洋渔业产业的各项并购活动。

1.3.2　供应链金融理论

(一)供应链金融的概念

供应链金融是对一个产业供应链中的单个企业或上下游多个企业提供全面的金融服务,以促进供应链核心企业及上下游配套企业"产—供—销"链条的稳固和流转畅顺,并通过金融资本与实业经济协作,构筑银行、企业和商品供应链互利共存、持续发展、良险互动的产业生态(闫俊宏、许祥秦,2007)。概况来讲,供应链金融是对金融资源的整合,是对供应链资金管理提供的整套解决方案,是融资产品及市场、参与机构、制度建设的综合性系统。

(二)供应链金融模式

根据产品生产经营周期的不同阶段和融资特点,供应链金融业务模式总体来说可以分成三大类:一是基于交易关系的预付款融资业务模式(保兑仓),即针对上下游企业采购关系形成的融资需求提供服务;二是基于存货的质押融资业务模式(融通仓),对生产和销售周期形成的存货进行存货质押融资和仓单质押融资服务;三是基于应收账款的质押融资业务模式,主要针对上下游货款的回款周期形成的资金缺口提供融资服务(闫俊宏、许祥秦,2007;张伟斌、刘可,2012;赵亚娟、杨喜孙、刘心报,2009)。具体的供应链金融运作模式见图1.3。

从主导企业的角度,谢世清、何彬(2013)提出了物流企业主导模式、企业集团合作模式和商业银行服务模式等三个供应链金融模式。比较而言,三种模式各有特色:物流企业主导模式关键在于物流企业对抵押物的精确控制;企业集团合作模式则基于企业之间稳定、平等的销售合作关系;商业银行服务模式则是商业银行以中小企业真实贸易为抵押,利用自身信息平台优势,开展金融服务创新。

随着互联网及电子商务技术的蓬勃发展,传统的供应链金融与电子商务平台相结合,产生了新的供应链金融模式。这些模式在融通仓模式的基础上,结合专业交易市场电子服务平台或交易型电子商务平台,提出了的"融e仓"、"云仓"等模式(罗跃龙、陈泰光,2012;何娟、沈迎红,2012)。新模式都是基于交易

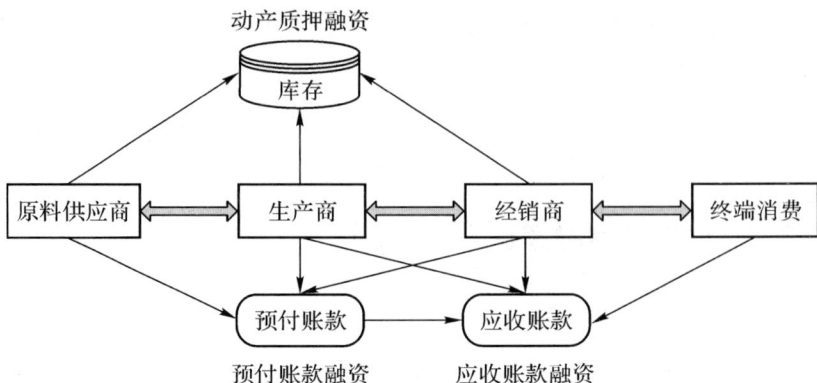

图 1.3　供应链金融模式

图片来源:张伟斌,刘可.供应链金融发展能降低中小企业融资约束吗?——基于中小
上市公司的实证分析[J].经济科学,2013(3)。

型电子服务平台的信息优势,在原有平台交易的基础上,拓展进行应收账款、预
付账款或存货的质押、交易担保等融资服务,从而实现线上交易、线下融资的
目的。

(三)供应链金融的作用

从实体经济背景角度出发,胡跃飞、黄少卿(2009)认为供应链金融可以有
效降低企业供应链生产的财务成本,提高整个供应链在市场上的竞争力,而银
行等金融机构正是为了满足企业财务供应链管理需求,开展各类金融服务创
新,从而形成了供应链金融这一新的业务领域。

有相关实证及案例研究表明,供应链金融可以利用供应链上的分工合作体
系,弥补中小企业信用缺位,降低企业和银行间的信息不对称,减轻中小企业融
资约束,缓解中小企业融资难问题(张伟斌、刘可,2012;赵亚娟、杨喜孙、刘心
报,2009)。熊熊等(2009)通过比较供应链金融融资模式和传统银行授信模式
下的中小企业守约概率的不同,认为供应链金融在一定程度上缓解了中小企业
的融资困境。

此外,相关研究也有从农业供应链角度分析供应链金融的作用,胡国晖、郑
萌(2013)研究认为农业供应链金融可以带来农业供应链整体利益的提升,从而
缓解农户融资难和农村金融抑制的困境,也有从现有农业供应链金融模式基础
上提出了以中心批发市场为核心的农业供应链金融新模式(邵娴,2013)。

(四)远洋渔业产业链与供应链金融

远洋渔业拥有一系列相对紧密、封闭的产业链条,其中远洋渔货的流转是连接产业链条的主要内容,同时远洋渔货主要集中在几个主要品种,存货资产的自偿性强,非常适合供应链金融的创新发展。我们认为供应链金融提供基于远洋渔货生产、运输、交易、储存、加工等产业链条及渔货流转的融资、结算等综合性金融服务,十分有利于产业链条内的企业缓解融资问题、提高资金利用率、降低成本、调整行业地位、提升综合竞争力、降低行业风险等,对于行业链条的整合提升有着直接的促进作用。

1.4 总体思路

从远洋渔业的发展现状、存在问题来看,发行业发展进入了调整期,但从发展趋势的总体角度看,行业的发展潜力仍然较大,行业处在总体向上的趋势。金融发挥支持作用,应该从行业发展的需要出发,整合积极开展产业并购、供应链金融服务创新,丰富远洋渔业金融服务,有力促进远洋渔业产业的健康发展。

具体思路如下:一是以产业基金为重心,鼓励开展并购活动,做大做强优势企业,促进产业整合升级,提升产业发展水平;二是通过发展供应链金融和远洋水产品交易平台,将远洋渔业产业链各个阶段整合起来,打造能够贯穿整个产业链的金融服务体系,从而提供高效便利的综合金融服务,促进整个产业链的提升发展;三是以金融创新为中心,丰富远洋渔业金融服务体系,鼓励拓展融资渠道,增加远洋渔业产业资金的可获得性,减少资金对产业发展的限制和约束,从而促进行业平稳健康发展。

1.5 重要举措

针对远洋渔业发展及金融支持的现状,我们提出金融支持应从多角度支持产业整合、拓展融资渠道、完善金融服务体系等方面,帮助远洋渔业产业破解困难、实现可持续发展。

1.5.1 以产业基金为重心,推动远洋渔业产业整合提升

(一)目的

一是通过设立产业基金,推动远洋渔业产业并购,破解散、小、弱、乱的行业格局,提升远洋渔业企业的行业地位,提高定价能力。二是抓住行业处于周期波动下行和面临调整的机遇,通过设立政府背景的产业基金,降低行业整合的阻力。三是以资本和专业管理为杠杆,扶持和培育优势企业,合理运用金融手段,科学、灵活地采取多种方式,撬动行业整合。

(二)产业基金的设立

推动设立政府、社会资金、行业管理人才相结合的产业基金。一是发挥财政资金杠杆作用,政府入股,广泛吸收社会资本,为社会资本提供合理的利益分享机制。二是合理设计政府出资规模、出资及退出等整体方案,结合混合所有制改革,优化股权结构,建立有效的利益及风险制衡机制。三是建立合理的激励机制,吸引远洋渔业行业管理人才,成立或引入熟悉远洋渔业的股权投资管理公司管理产业基金。

(三)产业基金的运作

(1)推动远洋渔业相关产业进行整合提升。

一是支持对象。选择并入股合适条件的领头企业或优势企业作为重点培育对象,扶持其做大做强。特别关注管理规范、股东实力强、管理水平高、有上市(上柜)潜质及意愿的远洋渔业相关企业。通过引导入股、直接入股或股权回购等方式,帮助目标企业提高资本运作水平和经营管理实力,鼓励企业科学提升经营规模,支持向产业链上下游进行合理的延伸发展,推动行业优势企业对接多层次资本市场。

二是支持方式。支持优势企业或龙头企业进行并购活动,对符合条件的企业或并购活动,产业基金可以采取股权回购、贷款担保等方式,协调引导银行并购贷款为并购活动共同提供中长期资金支持。特别对于能够有效提升产业集聚度、改善产业地位、打通产业链上下游的并购活动,产业基金在有效控制风险的情况下可以提供更多、更优惠的支持。

三是直接并购。直接对部分行业企业、资产进行收购。在远洋渔业行业面临调整或下行压力的情况下,舟山市部分小、弱的远洋渔业企业或渔船可能出

现资金问题或较大经营压力,产业基金可以适时联合行业优势企业及其他并购基金,对出现经营压力大、有意转手的企业,可以收购其资产或并购其股权,一方面缓解行业风险压力,另一方面也有利于改善舟山市远洋渔业的行业格局。

四是投贷配套。开展投贷一体化,提升行业融资能力。产业基金在开展投资、并购活动时,联合银行以及融资租赁、股权投资等非银行机构,通过签订合作协议、提供信用担保、风险补助等方式,推动建立各方参与投贷一体化的服务体系,支持完成行业整合或并购活动的企业获得多渠道的资金,从而提升行业的整体融资能力,改善远洋渔业相关产业与金融机构的现有关系。

五是行业联合。支持开展远洋渔业相关产业的业务联合。推动成立覆盖远洋渔业相关产业链的专业合作社体系,鼓励开展产业内部横向联营和产业链之间的纵向联合,推动生产、销售、用工、融资的统一合作。优化财政补助,改奖、补为入股,通过产业基金汇聚相关财政资金,在开展资本运作的同时,产业基金采取为合作社提供担保基金、再担保等方式,通过统一松散的融资活动,推动生产经营活动的统一。

(2)引导风险投资、股权投资基金投资远洋渔业产业。一是探索设立政府引导基金,通过参股方式吸引社会资本共同发起设立主要投向为远洋渔业产业及水产加工等相关产业链的股权投资基金或风险投资基金。二是引导基金采取跟进投资的方式,跟踪参与相关股权投资基金在远洋渔业相关产业的股权投资活动。三是为符合条件的股权投资基金、相关行业优势企业的融资活动提供担保。

(3)引导基础设施投资建设资金支持远洋渔业基地建设。一是根据远洋渔业基地建设发展需要,探索成立支持基础设施建设融资活动的子基金,采取结构化的设计,吸引社会资金或机构投资者共同提供长期资金。二是与社会资金共同出资成立水产品交易基金,为入驻水产品交易中心的企业、物流金融创新产品的推广提供融资担保和资金融通,可以探索参与交易中心的相关交易活动。三是探索与相关企业出资共同成立风险投资基金,支持远洋水产加工企业、现代冷链物流产业、物流金融服务业的创新发展。

1.5.2　以交易平台为核心,推动远洋渔业产业链的高效协同

(一)目的

一是围绕远洋渔业生产捕捞、海上运输、码头装卸、冷藏储运、渔货交易、加

工贸易整个物流链及产业链,提供系统性金融服务。二是以远洋渔货交易平台为核心整合物流、资金流、信息流,提供物流和金融的综合性、集成式服务,以交易平台为中心,延伸到产业链、物流链的各个方面,依托平台提供的服务,打造标准化、风险可控的金融服务体系。

(二)加强远洋水产品交易中心建设

交易中心以服务现货交易为核心,鼓励线下远洋渔货交易进场交易,建设集交易、结算、金融、信息、商务、展示展销等功能于一体的远洋水产品交易市场,成为全国性、有特色、有优势的交易平台。

(1)重点推进交易平台交易与实际交易相互融合,形成远洋水产品舟山价格指数。一是结合远洋渔业基地建设的逐步推进,发挥基地母港优势,集合港口服务、冷藏储运、加工产业配套、系统金融服务等整个产业链服务,吸引全国的远洋水产品通过利用基地配套服务进场交易。二是发挥交易中心综合平台优势,为远洋渔业企业提供交易套保、结算融资、信息资讯、资信评估、展示展销等服务,将交易中心建设成为加工收购远洋水产品、捕捞生产企业销售渔货的线上线下结合的网络服务平台,鼓励远洋渔业相关行业企业成为交易会员,推动交易价格能够真实反映远洋渔业生产销售变化。三是发挥国家性远洋渔业基地的政策优势,争取优惠、灵活的行业管理政策,用好进港费用、进场交易补贴等财税优惠政策,理顺相关体制机制,吸引远洋渔业相关行业企业参与平台交易。

(2)支持创新交易方式,提升交易平台对现货市场的深化服务。一是丰富现有交易方式。在现货挂牌交易的基础上,运用招标、拍卖、现货即期交易等多种交易方式,进一步丰富交易品种,提升交易规模,满足市场参与各方的需要。同时,探索从现货即期交易逐步向做市商交易发展,进一步提升市场交易的活跃度。二是重视提升现货交割比例。制定政策鼓励开展拥有实际销售背景的现货交易和交易方式,限制交割延期时间过长的交易行为,防止交易活动脱离市场实际情况。三是探索提供非标准化的远期交易,针对鱿鱼生产周期、运输时间特点,提前锁定交易价格,为捕捞生产企业以及加工企业提供避险工具,降低远洋水产品交易价格波动对企业经营的影响。四是建立鱿鱼等水产品价格指数,探索开展指数交易,进一步发挥交易平台价格发现、套期保值的功能。

(3)协调推进冷库整合,形成统一的冷链服务标准。一是根据交易平台交易品种需要,建立交割冷库服务标准,提升冷库服务的系统性和统一性,为现货交易、物流金融等业务拓展的提供基础。二是扩大交割库，建立和冷链物流企业的战略合作。以并购入股、服务标准服务推广、吸收成为交割库、数据链接等方式，开展与冷库及物流企业的战略合作，减低交割成本，提升现货交易及交割效率。

（三）以交易平台为中心，开展服务产业链的综合金融服务

发挥交易中心市场平台、水产品标准化、信息集聚等优势，将交易平台服务延伸到整个物流链、供应链，为产业链上的企业提供物流金融及供应链金融服务。

（1）利用交易平台优势，创新并扩大渔货库存质押贷款。一是依托交易平台提供的标准化管理的交割库，以及接受统一冷链服务标准的冷库，作为物流金融的融通仓，发挥交易平台的作用，协调或统一开展第三方监管。建议成立政府主导的第三方监管公司或引入符合银行要求的专业监管机构，交易平台、金融机构、第三方监管机构及远洋渔业企业四方合作体系。二是利用交易平台提供的资信管理、信息资讯和冷库管理等优势，统一与金融机构合作，提供第三监管服务、融资担保、贷后管理、质押物处置等服务，在提升机构投资者风险控制能力的同时，提高融资额度、降低融资成本、提升融资效率。三是积极推动交易平台公司提供非标准化的远期交易，探索以非标准化远期仓单为质押物，参照上海期交所等标准化远期仓单，银行以该非标仓单为质押。一方面对于持有远期非标仓的客户可以按照一定的质押比例提供资金融通，另一方面，对于那些处于下游加工企业的客户可以提供一定比例的资金融通，支持其去买入远期仓单，可先签订三方协议，剔除交易保证金以外，剩余买入资金待仓单交割日当天由银行出资买入，并直接质押转让银行，为客户以少占用资金的方式提供价格避险。四是针对质押渔货价格波动风险，创新交易方式，鼓励开展套期保值交易，控制质押物价格风险，支持大型交易商、做事商为质押贷款提供质押渔货回购服务，提升渔货质押贷款的质押率。

（2）以交易平台为中心，将金融服务依托物流链、供应链向上下游拓展。一是以交易平台为主牵头，选择冷库企业、冷链服务企业、海上运输企业、生产捕捞企业、水产品加工企业，利用平台的信息系统优势，通过标准化渔货、建立贯彻产业链的实时监测信息系统，开展物流链、供应链的综合业务合作。二是依靠监测系统和相互担保，通过对海上运输船进行整合和规范化管理，在渔货库存质押融资的基础上，进一步开展海上冷冻运输船渔货提单、冷冻集装箱提单质押融资。三是对进入交易平台产业链监测系统的企业,由交易平台统一与金融机构合作,引入金融服务,提供包括渔货库存质押贷款、提单质押贷款等在内的融资服务和信用贷款。四是扩大海上保险的覆盖范围,协调明确海上运输阶段渔货质押的法律责任,引入保险公司合作开展提单质押融资信用保险创新。

(3)以交易平台为核心开展与融资机构的统一合作。一是在与银行等金融机构合作的同时,引入产业基金、股权投资基金等各类机构投资者,降低融资成本,扩大融资渠道,优化融资结构。二是加强与提供渔货质押融资的冷库企业合作,通过提供融资、担保、信息系统服务、成为交割库等方式,吸引或整合到交易平台的物流金融服务系统,提升规模效应。三是交易平台与产业基金以及国资企业合作成立水产品融资服务公司,统一开展提供物流金融系统服务。

1.5.3　以创新金融为中心,推动完善远洋渔业金融服务体系

(一)鼓励开展远洋渔船融资租赁

从行业特性看,融资租赁提供的融资融物功能,比较适合远洋渔船的大规模更新改造。但在实际操作中存在障碍。远洋渔业行业属于计划管理色彩很浓的行业,要求持有远洋渔船的必须是有农业部认可资质的企业,且远洋渔船捕捞要进行项目申报,这使得远洋渔船很难过户到融资租赁公司,需要进行政策创新,突破监管障碍。

(二)支持银行开展柴油补贴款质押创新

远洋渔业企业每年支付的柴油费用和货物运输费用占用企业日常资金周转较大支出部分,而根据国家政策规定,企业每年能得到相对固定的柴油补贴款收入。鼓励银行以柴油补贴款为基础,利用稳定的柴油补贴为质押品,用远期的现金流为担保,通过与市海洋与渔业局的合作,监控资金渠道,发放柴油补贴账户质押项下的各类贷款。

(三)支持成立政策性融资性担保公司

以政府或国资公司为主导,引入产业基金及民间资本参与设立专业担保公司。担保公司以政策为导向,通过与金融机构、水产品交易平台、冷链物流企业合作,支持开展物流金融和相关金融服务创新,为远洋渔业企业提供融资担保,提升远洋渔业产业资金的可获得性。

(四)发挥保险的风险保障作用

进一步发挥渔业互保的保障作用,扩大保险范围,增加对渔船机损、船员故

意行为导致的损失的保险,进一步提高互保赔偿比例。探索在舟山设立政策性保险机构或远洋渔业互助保险机构,有力提升远洋渔业风险保障水平,探索成立行业互助协会对互保、商业保险不能覆盖的部分进行自我保障。支持开展远洋渔船商业保险业务,鼓励商业保险公司探索开展远洋渔货质押信用保险创新,支持开展远洋渔船商业保险业务,丰富保险品种,扩大风险保障范围。

(五)探索建立政策性金融支持体系

进一步发挥进出口银行、农业发展银行、中信保等政策性金融机构的作用,争取远洋渔业的政策性贷款,支持远洋渔业基础设施建设、渔船更新改造、远洋渔货收购以及进出口活动。探索设立远洋渔业政策金融体系,以产业基金、担保机构为主导,以物流金融业务为引导,鼓励设立服务远洋渔业的专业性金融分支机构,联合农商行、商业银行、保险公司等金融机构,提供系统性金融支持服务。

(六)拓展融资渠道,鼓励远洋渔业企业运用直接融资方式

鼓励开展股权投资和并购整合活动,培育拥有新业务模式的行业企业,特别是远洋渔业销售企业。支持符合条件的水产品加工企业、远洋渔业生产企业上市(上柜)、发行各类债券,提升直接融资比例。

(七)积极引入互联网金融服务

鼓励开展远洋渔业股权等众筹活动,支持远洋渔船技术改造和设备更新换代,促进各类水产品销售和创新项目的开展。支持远洋渔业产业链金融对接互联网金融服务,通过产业链、物流链形成的应收账款等各类资产的转让,从互联网金融平台融入资金。

1.6　政策保障

1.6.1　出台政策支持并购整合

在省政府出台支持企业并购政策的基础上,根据舟山市具体情况和相关行业需要,出台具体支持政策,包括并购税收优惠、财政奖励、贷款风险补贴等,对涉及的行业政策壁垒,采取进一步简化、优化相关行业监管政策,必要时可以"一事一议"。

1.6.2 加强行业政策创新力度

一是支持柴油补贴款质押创新参照出口退税质押融资业务流程到市海洋与渔业局进行质押登记,或者支持其在人民银行进行应收账款质押登记,以解决或降低因重复登记等导致法律风险问题。

二是市海洋与渔业局加快政策创新,为融资租赁公司开展业务提供监管便利,支持融资租赁公司入股或控股远洋渔业企业,开展渔船融资租赁业务。

1.6.3 支持开展金融创新

一是提供适当财政奖励或补助,支持开展物流金融、供应链金融和交易平台建设,在包括机构、人员、税收、财政资金运用等方面提供优惠政策。

二是协调金融监管部门,支持开展各类金融创新活动。支持交易平台进行交易模式创新,支持金融机构参与供应链金融、抵质押创新、融资租赁业务等。

三是创新投融资模式,发挥好国资的带头作用和带动效应。协调国资公司积极参与入股产业基金、担保公司等机构的设立,加强对现有融资、冷链、码头业务的整合,支持开展贯彻远洋渔业各个产业链的金融创新。

参考文献

周邵妮,文海涛.基于产业演进、并购动机的并购绩效评价体系研究[J].会计研究,2013(10).

陈玉罡,李善民.并购中主并公司的可预测性——基于交易成本视角的研究[J].经济研究,2007(4).

范从来,袁静.成长性、成熟性和衰退性产业上市公司并购绩效的实证分析[J].中国工业经济,2002(8).

刘笑萍,黄晓薇,郭红玉.产业周期、并购类型与并购绩效的实证研究[J].金融研究,2009(3).

李心丹,朱洪亮,张兵,罗浩.基于DEA的上市公司并购效率研究[J].经济研究,2003(10).

冯根福,吴林江.我国上市公司并购绩效的实证研究[J].经济研究,2001(1).

李善民,陈玉罡.公司特征、行业特征和并购战略类型的实证研究[J].管理世界,2002(3).

张新.并购重组是否创造价值?——中国证券市场的理论与实证研究[J].经济研究,2003(6).

潘红波,夏新平,余明桂.政府干预、政治关联与地方国有企业并购[J].经济研究,2008(4).

闫俊宏,许祥秦.基于供应链金融的中小企业融资模式分析[J].上海金融,2007(2).

胡跃飞,黄少卿.供应链金融—背景—创新与概念界定[J].金融研究,2009(8).

张伟斌,刘可.供应链金融发展能降低中小企业融资约束吗?——基于中小上市公司的实证分析[J].经济科学,2013(3).

赵亚娟,杨喜孙,刘心报.供应链金融与中小企业信贷能力的提升[J].金融理论与实践,2009(10).

熊熊,马佳,赵文杰,王小琰,张今.供应链金融模式下的信用风险评价[J].南开管理评论,2009,12(4).

胡国晖,郑萌.农业供应链金融的运作模式及收益分配探讨[J].农村经济,2013(5).

邵娴.农业供应链金融模式创新——以马王堆蔬菜批发大市场为例[J].农村经济问题,2013(8).

谢世清,何彬.国际供应链金融三种典型模式分析[J].经济理论与经济管理,2013(4).

罗跃龙,陈泰光.基于物流金融服务创新的"融e仓"模式研究[J].经济问题探索,2012(1).

何娟,沈迎红.基于第三方电子交易平台的供应链金融服务创新——云仓及其运作模式初探[J].商业经济与管理,2012(7).

深圳发展银行中欧国际工商学院"供应链金融"课题组.供应链金融——新经济下的新金融[M].上海:上海远东出版社,2009.

Graeme Deans,Fritz Kroeger,Stefan Zeisel.科尔尼并购策略[M].张凯译.北京:机械工业出版社,2004.

Merton R. A Functional Perspective of Financial Intermediation[J]. Financial Management,1995.

Andrade G. and Stanfford E. Investigating the Economic Role of Mergers [Z]. Harvard BusinessSchool. Working Paper. 1999.

课题组成员：林仙云、韩乃谦、王义中、胡莹、刘洋、张海波、阎宣任

中国海洋金融问题研究——以浙江舟山群岛新区为例

2　金塘螺杆产业对接资本市场研究

【摘　要】　本章详细介绍了金塘螺杆产业发展及对接资本市场的困境,认为金塘螺杆产业存在规模结构不合理、同行竞争缺乏规范等问题。在此基础上,我们进一步对金塘螺杆产业发展趋势做了分析判断,并结合多层次资本市场、债务融资工具的相关理论论述,提出了金塘螺杆产业对接资本市场的总体思路和举措建议。我们建议通过对接多层次资本市场、充分利用债务融资工具等举措,在推动产业加大直接融资力度同时,将有效促进金塘螺杆产业这一典型块状经济体的转型升级。

【关键词】　金塘螺杆;资本市场;公司债;块状经济;转型升级

2.1　现状和问题

2.1.1　金塘螺杆产业发展现状

金塘是舟山市第一工业大镇,是中国著名的螺杆之都。目前全镇塑机螺杆生产及配套企业 600 多家,总产值 37 亿元之多,占全市工业总产值 81%,从业人员近 7000 多人,并且这些数据仍有逐年增长的趋势。螺杆产业已经成为金塘经济的支柱,而金塘已成为全国最大的塑机螺杆生产和出口基地,多年来螺杆年销量占国内市场的 70% 以上。[①] 见图 2.1、图 2.2。

2006 年,中国机械工业联合会向定海区授予的"中国塑机螺杆之都"荣誉称号,这个由国家行业权威组织授予的"国"字号特色区域性品牌,不仅是对金塘

---

　① 以上数据来自定海塑机螺杆协会及金塘镇人民政府。

推动塑机螺杆特色产业发展取得成绩的充分肯定和高度评价,也给塑机螺杆产业打响区域品牌提供了非常好的条件。依托"中国塑机螺杆之都"和"浙江省塑机螺杆商标品牌基地"称号,注册并规范使用集体商标,使企业共享品牌,发挥聚集和带动效应,进一步加强区域品牌运作,推动商标品牌基地的建设。

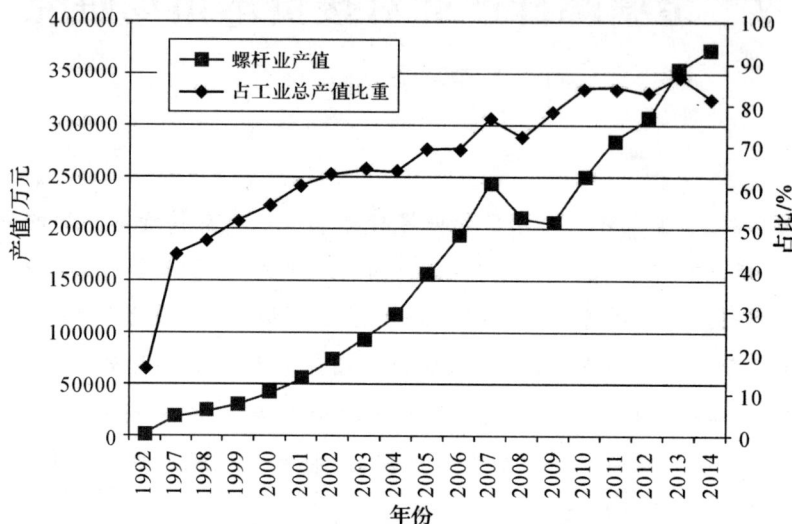

图 2.1　金塘螺杆行业历年产值(1992—2014)

数据来源:舟山市定海区经济信息化和科学技术局、定海塑机螺杆协会。第一家螺杆企业是定海沥港农机厂(后更名为定海沥港机械厂),以该厂技术师傅沈大梅为代表研制成功;第一家产值超过百万元的企业是定海沥港机械厂,第一家产值超过亿元的企业是浙江华业塑料机械有限公司。

2.1.2　金塘螺杆产业发展存在的问题

尽管目前金塘螺杆产业自身已具备相对完整的产业链,在全国范围内也取得了骄人的战绩。但看似繁荣的金塘螺杆产业终究还是劳动密集型产业,存在很多问题和潜在风险,如科技含量低、自动化程度低、抵御风险能力低等,主要表现在:

(1)在总量为 600 多家的企业中,上规模的企业并不多,且生产的都是一贯制产品。金塘螺杆企业 60％以个私企业、家庭作坊形式存在,40％组建了有限责任公司和股份有限公司,但主要是以家族成员为主,不是真正意义上的现代公司组织。① 这种家族制管理模式,不利于企业人才的引进,企业决策独断缺乏

中国海洋金融问题研究——以浙江舟山群岛新区为例

----

① 以上数据来自定海塑机螺杆协会。

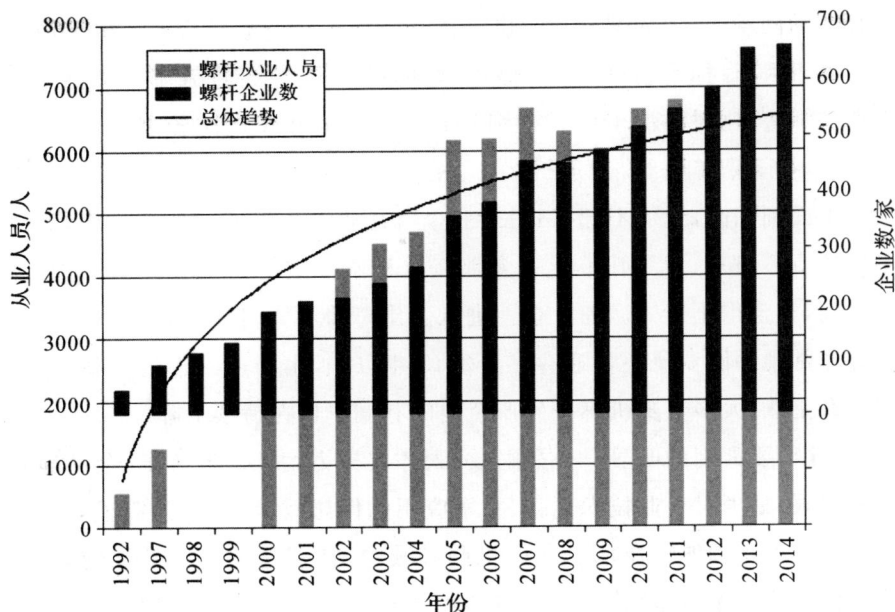

图 2.2 金塘螺杆行业企业数及从业人员数量(1992—2014)

数据来源:舟山市定海区经济信息化和科学技术局、定海塑机螺杆协会。其中从业人员数据 1998—1999 年度有所空缺。

民主性、科学性,职业经理人队伍发育仍相对滞后,这对金塘塑机螺杆产业集群 的提升和后续发展造成了不利影响。

(2)企业创新能力薄弱。技术上,目前大多数企业技术上主要依靠引进和 仿制,缺乏自主创新能力。企业研发性投入比重还是较小,始终无法形成产品 个性和特色,现在金塘螺杆基本就是这么几个产品,不管大厂小厂产品都是差 不多,只有产量产能的区别,而在技术水平上与先进国家差距明显。设备上,由 于我国钢铁工业落后,在制造的原材料、加工工艺、机械设备上始终无法和德 国、日本等塑机技术先进国家相比。企业利用新设备制造的产品成本大幅上 涨,影响了企业积极性。而我们开发的螺杆料筒塑化能力只有国外规格的50% ～60%,整机速度一般也只有国外同类机型的50%,塑料制品的成品率和质量 性能明显低于国际先进水平,国内2～3台设备才抵得上国外1台设备。①

(3)同行竞争缺乏规范。同行业间无序竞争激烈是国内中小企业聚集行业

---

① 以上数据来自定海塑机螺杆协会

普遍存在的问题,金塘的螺杆行业也不例外。由于企业数量众多,规模较小,产品差异性不大,目标市场也基本一致,这样的话,一时单子进来基本就是金塘本土企业在那边打价格战,小厂子特别是家庭作坊这几年倒闭较多,大厂子就类似包工头,接下来单子给小厂子做。这样就带来两个问题:一是小厂子一直挂在大厂下面利润薄,发展不起来;另外一个就是毕竟小厂的产能不稳定,如果形势不好还看不出来,形势好单子一多那么这种不稳定的风险就会被放大,影响交货时间,完全得不偿失。加上企业进入退出障碍不大等因素,恶意压价、互相拆台等非常规手段竞争还普遍存在。2015 年以来,由于产品售价下降,原材料价格略有上涨,大多数塑机螺杆生产企业的利润率也在持续下降。

(4)外部要素制约明显。一是财政、人才支持力度低。近年来,金塘地方财力十分有限,缺少对企业技术创新、技术应用的优惠政策;在人力资源方面也没有引进人才和培训熟练技术工人的机制和政策,特别是技术人员比例偏低,外地职工占了绝大多数,随着二三线城市的加快发展,这些外地职工存在很大不稳定性。二是舟山市委、市政府为更好地发挥金塘区位优势,挖掘金塘港口资源,在 2008 年战略性地提出了把金塘建设成为"现代化、国际化"集装箱物流岛的思想。由于发展重心的转移,导致螺杆产业在土地、资金、公共资源、扶持政策等方面所能享受份额相对减少,一定程度上延缓了产业的转型升级。

以上这些都制约了金塘塑机螺杆产业的发展。另外,像 3D 打印技术这类新兴技术的出现必将给传统的工业带来冲击。螺杆产业已经被逼到了悬崖边上,唯有通过转型升级才能使其生存并可持续发展。而螺杆产业对金塘而言意义非凡,不仅是金塘财政的主要税收来源,更是解决就业的主要渠道。

2.1.3 对接资本市场的问题

(一)企业家心态,积极性不足

在走访调研过程中发现,螺杆产业的企业主普遍存在小富即安的心态,主动对接资本市场的意识基本没有。有些甚至对于资本市场的话题有抵触情绪,大部分螺杆企业的股权结构都集中在家族成员内部,担心股份制改造后资本控制权被稀释或放弃,故改制意愿不强。在这些企业主的传统观念里认为融资就是融资金、融钱,企业在自身能够周转的时候无需大费周折。螺杆协会的会长指出,前几年形势好的时候行业盈利很好,有些企业连银行负债都没有,除了部分应付账款外,基本上是零负债经营。面对这样的融资氛围,那么对于行业对接资本市场的零基础也是不难理解。但有别于传统观念，现在的融资不仅仅包括融资，还包括融智、融治、融制、融技，为促进行业的整体转型升级必须扭转企业家这种闭塞的心态，充分调动企业家积极性。

(二)知识储备不足,缺乏人才

对接资本市场需要以正确的理论做指导,需要具备法律、税务、财务会计、金融、管理等方面的专业知识,更要求企业内具体经办人员具有严密的逻辑思维和统筹谋划的能力。现阶段企业内部这类人才的储备几乎为零,无论是从外部招聘还是内部培养都有难度。除去具体经办人员的缺失外,企业高层管理人员对资本市场的知识储备也极其匮乏而且学习意愿也不强烈,所以实务操作推进存在现实的困难。

(三)资本市场门槛过高,客观要求不达标

金塘螺杆产业作为浙江块状经济的一个典型,企业构成也以中小企业为主。资本市场对小微企业的融资门槛仍然较高,尤其对净值有相对高的要求,小微企业资产总额小,管理不规范,多数达不到上柜要求,更难以达到在主板和创业板上市的条件;过往发行债券也对企业有着较高的要求,并且审批程序十分严格;私募和创投基金又缺乏了解小微企业情况的有效通道,所以总体而言螺杆企业的融资仍然十分有限。

2.2　行业发展趋势

2.2.1　国内块状经济转型升级普遍做法

块状经济(massive economic)是指一定的区域范围内形成的一种产业集中、专业化极强的,同时又具有明显地方特色的区域性产业群体的经济组织形式。金塘螺杆产业是浙江块状经济发展模式中一个非常典型的缩影,在长期发展过程中累积的一些素质性、结构性矛盾具有一定共性,尤其是产业层次低下、创新能力不强、规划引导缺失、平台支持不力等问题也逐渐显现。借鉴参考其他典型区域转型升级的基本做法是有必要的(见表2.1)。

表 2.1　国内典型区域推进块状经济转型升级的基本做法

关键举措	实施背景	升级效果	典型区域
转移一般生产环节	产业集聚地的土地、劳动力等成本上升,环境承载力约束加剧	腾笼换鸟,发展特色总部经济,资源整合能力有效增强	深圳水贝珠宝业中国台湾新竹高新技术业
针对性地嫁接外资	产业链关键技术缺乏,依靠内生增长和自我更新难以获取	利用较强的技术吸收和低成本生产组织能力,实现外资的本地化,产业链得到快速补充或延伸	海宁经编业嘉善木业
改造提升专业市场	产能过剩,带来产品价格下跌、库存上升、企业利润减少和亏损增加等系列问题	缓解产品的销路问题,有效发挥了流通产业引领制造业发展的先导作用	义乌小商品城乐从电子商务试点镇
龙头企业引领创新	块状经济中小企业众多,创新能力有限,力不从心	龙头企业提高自主创新能力,引领和带动行业的技术升级	上海纺织业深圳电子信息业
政府优惠政策安排	政府希望采取非平衡发展战略,给予特殊性制度安排,以形成特定区域的独特优势	产业规模迅速壮大,园区若干产业出现明显的局部强势,产业竞争有效提高	苏州工业园区江苏无锡物联网

宋炳林.国内典型区域推动块状经济转型升级的经验与启示[J].当代经济管理,2013(9)

2.2.2　金塘螺杆产业转型方向

(1)调结构,强管理。现行家族制管理模式的弊端已经显现,缺少科学民主的管理机制,就无法形成公平高效的激励和用人制度,会进一步加剧企业的短期行为,这种传统的管理模式已远远适应不了市场经济发展的要求。实现所有权与经营权的分离,这顺应了企业自身发展的需求,也是整个产业转型升级的必经之路,有利于提高企业资本的运作效率。

(2)提质量,促创新。产品技术含量低、附加价值低、低水平重复竞争突出是块状经济的通病。块状经济的转型升级、提升发展的关键在于技术创新,提高块状经济的核心竞争力。螺杆产业在转型升级的进程中必然会顺应三个加快趋势:加快"机器换人"、加快"电商换市"、加快"产品换代"。栾贵勤、方华、王槊(2008)认为,只有这样进行高附加值的生产活动,才能在参与全球分工的过程中处于主动的地位,才能为本地的产业集群争取到一个比较公平的参与全球分工的机会。

(3)育龙头,壮品牌。面对现在螺杆行业小而散的企业分布状态,引导和扶持一批龙头骨干企业积聚实力打响产业品牌,带头搞研发带动整个产业向上走,这对加快金塘螺杆产业向现代产业集群转型发展具有关键性的作用。龙头企业的发展壮大,会对整个产业集群的人才流、知识流、供应流都带来不可忽视的驱动效益。

2.3 理论基础

资本市场又叫长期资金市场,是相对于货币市场(短期资金市场)而言的一种金融市场,通常是指一年以上的金融工具交易的场所,包括股票市场、债券市场和长期信贷市场等。筹资者和投资者是资本市场的主要参与者,加上中介机构和管理机构,他们相互制约、相互依存就构成了资本市场的完整内涵。其融通的资金主要作为扩大再生产的资本使用,并通过对收益的预期来导向资源配置。产业转型升级是指随着科学技术不断进步和生产社会化程度不断提高,不断淘汰落后产业,扶持引导新兴产业,加强传统产业的高技术改造,提高产业结构效能和效益的过程。在产业转型升级过程中,无论是产业结构的优化调整、升级转换,资本市场都可以起到有效支持与协同发展的作用。陈文新等(2015)基于新疆区域内实证分析通过灰色关联法实证得出,资本市场融资结构对产业升级有结构效应。股票融资、债券融资、内源融资和产业结构升级存在短期稳定的均衡关系,但与产业结构升级的关联度存在差异:股票融资对产业结构升级的关联度最高,其次是债券融资,作用最低的是内源融资。直接融资对产业结构升级的作用优于间接融资。结合金塘螺杆产业这一典型块状经济的转型升级需求,我们认为对接资本市场的重点应体现在推动龙头企业上市上柜和加大利用债务融资工具这两个方面,以资本的力量撬动转型之力,充分发挥资本市场功能。

2.3.1 上市上柜相关理论

(1)上市上柜的概念。这里指的上市是狭义的概念即首次公开募股 Initial Public Offerings(IPO),指企业通过证券交易所首次公开向投资者增发股票,以期募集用于企业发展资金的过程。

上柜是国外的一个概念,就是在柜台市场(OTCBB)交易的公司,美国股市分好几层,柜台市场的地位相对低一些。不同市场对审核股票交易的严格程度是不同的,上市公司审核的标准,无论是在资本额、获利能力、股权分散及设立年限等都要比上柜公司严格多了。这里则借用上柜这个概念特指在新三板挂牌。新三板即全国中小企业股份转让系统,是经国务院批准设立的全国性证券交易场所,是加快我国多层次资本市场建设发展的重要举措。

(2)上市上柜的条件。现行 IPO 还实行核准制,但随着实施了 17 年的《证券法》将迎来第二次大修,而注册制是最核心、最关键的部分,草案首次从法律层面明确了股票发行注册的申请条件和注册程序,确立了股票发行注册的法律制度。实际上,新三板的挂牌模式是"注册制"的雏形。总体来说,多层次资本市场未来发展的方向必然是注册制,届时企业上市上柜门槛将进一步降低(见表 2.2)。

表 2.2　新三板挂牌与 IPO 上市条件

指标	新三板	主板(含中小板)	创业板
股本要求	挂牌前总股本≥500万元	发行前总股本≥3000万元	无
	挂牌后无限制	发行后总股本≥5000万元	发行后总股本≥3000万元
财务指标要求	1.无硬性财务指标要求; 2.具有持续经营能力,具有两年持续经营纪录	1.最近三年净利润为正数且累计超过3000万元; 2.最近三年经营活动现金流量净额累计＞5000万元;且最近三年营业收入累计＞3亿元; 3.最近一年期末无形资产占净资产的比例＜20%; 4.最近一期无未弥补亏损	1.最近两年连续盈利,净利润累计≥1000万元,且持续增长;或最近一年盈利,且净利润≥500万元,最近一年营业收入≥5000万元,最近两年营业收入增长率均≥30%; 2.最近一期末无未弥补亏损
	由主办券商判断	实际操作中上市前一年净利润＞3000万元	实际操作中上市前一年净利润＞2000万元

来源:浙江天堂硅谷资产管理有限公司

(3)上市上柜的流程。一般来说,企业要上市上柜,都必须先进行股份制改造成为股份制公司,聘请相关中介机构对企业进行上市上柜准备工作,在满足上市上柜条件后再进行后续申报工作(见图2.3)。

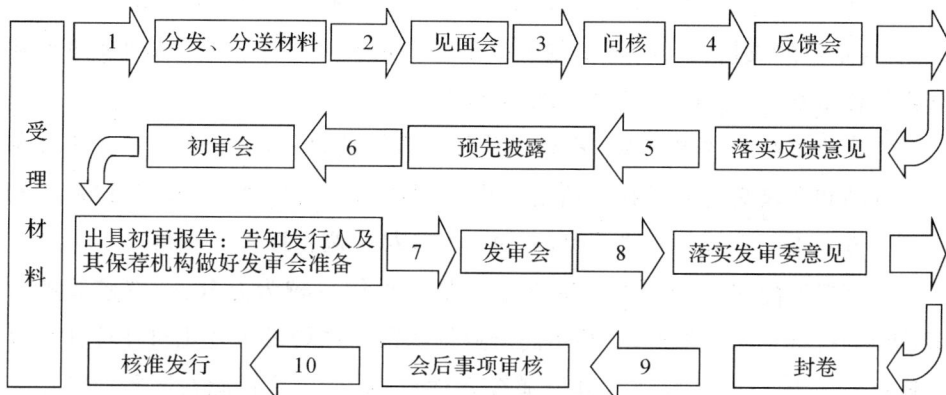

图 2.3 IPO 基本审核流程

图片来源:证监会网站

上市流程大致分为"改制阶段"、"辅导阶段"、"申报阶段"和"股票发行及上市阶段"这四个阶段(见图2.4)。

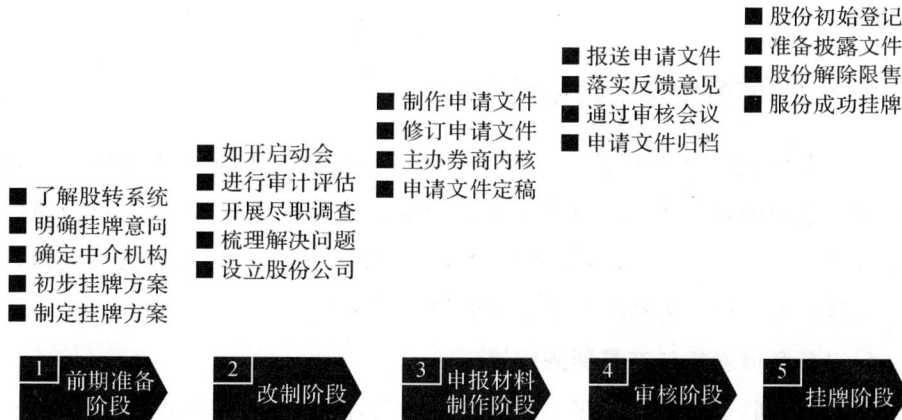

☆整个项目的各个环节息息相关,积极推进至关重要,主办券商的高效协调对成功挂牌上市至关重要
☆从启动改制到完成挂牌一般历时6个月左右,影响挂牌进度的主要因素是历史沿革和财务基础工作

图 2.4 新三板挂牌操作流程

图片来源:浙江天堂硅谷资产管理有限公司

新三板挂牌主要有四个步骤:中介机构尽职调查、股份制改造、主办券商内核并制作报备材料、股转系统及证监会接受材料,整体挂牌时间约6个月左右。

(4)上市上柜的作用。

一是筹集资金功能。企业通过上市上柜可以利用公众公司优势高效筹集资金,为企业的成长、扩张、技术创新提供必要的长期资金支持,从而促进产业结构的转型升级,实现产业结构的增量调整。

二是改善产业结构功能。产业结构转型升级的过程,也是各生产要素在部门间流动和产权交易的过程。通过上市公司或新三板挂牌公司的身份能够利用多种方式进行有效的兼并重组,从而为产业结构调整提供了便利。

三是资源配置功能。由于资本市场是一种信息较为充分、效率较高的市场,更具有前瞻性、预知性,它在不同产业供给需求结构发生变化时往往比商品市场提前做出反应,从而通过其资源配置效应,促进产业资源在同行业部门间流动,最终实现新的均衡。

四是促进创新功能。以技术进步推动产业升级,是经济结构调整的重要内容。技术创新及其商业化是一项商业风险较大的活动,如果利用银行融资等传统间接融资模式投入研发,那么长期短贷长用风险就会凸显。在这种情况下,企业的技术创新就需借助于资本市场实现融资,改善产业的市场适应性和竞争力。

2.3.2　债务融资工具相关理论

过去我国债市规模不大,企业直接融资比例较发达国家是严重滞后的,而舟山区域企业的直接融资比例更是全省垫底。这其中也有过往发债门槛过高的客观因素,公司债的扩容改革为解决这一现状提供了一个很好的突破口,所以我们就以公司债作为债务融资工具的切入点深入。

(一)公司债发行与交易新规阐述

《财新周刊》记者岳跃和张宇哲(2015)认为,冷清多年的交易所债券市场会在2015年变得火热起来,最主要的推手是2015年1月证监会发布的《公司债券发行与交易管理办法》:一方面扩大发行主体;一方面加快审核,让公司债发行条件高度市场化(见表2.3)。

表 2.3 新办法主要修订内容

主要内容	修订前	修订后
扩大发行主体范围	发行主体为境内证券交易所上市公司、发行境外上市外资股的境内股份有限公司、证券公司	发行主体为所有公司制法人,不包含地方政府融资平台公司
丰富债券发行方式	无具体细则规定	对分公开发行以专门章节作出规定,全面建立非公开发行制度
拓展债券交易场所	交易场所为上海、深圳证券交易所	公开发行公司债券的交易场所拓展至全国中小企业股份转让系统;非公开发行公司债券的交易场所扩展至全国中小企业股份转让系统、机构间私募产品报价与服务系统和证券公司柜台。
简化发行审核流程	保荐制和发审委制度	取消保荐制和发审委制度
实施投资者分类管理	无具体细则规定	将公司债券公开发行区分为面向公众投资者的公开发行和面向合格投资者的公开发信
债券发行期限	一年期以上	取消限制要求,拓展至任意期限
净资产要求	净资产 40% 的限制	淡化 40% 的限制

表格来自孟阳.公司债发行与交易新规分析[J].北方金融,2015(2)

(二)发行条件简述

新办法下公司债发行主要有三种方式:大公开、小公开和私募发行。大公开主要面向所有机构投资者与个人,发行条件须满足两个约束条件:第一,最近三个会计年度实现的年均可分配利润不少于债券一年利息的 1.5 倍。第二,债项必须达到 AAA 级。小公开主要面向合格投资者,包括所有机构投资者与部分个人。发行条件较大公开要宽松一些,即"最近三个会计年度平均净利润足以支付其自身发行债券一年的利息"。私募发行主要采用备案制,发行条件更加宽松(见图 2.5)。

(三)发行及审核流程

三种发行方式的审核流程均有所简化,具体如图 2.6 所示:

金塘螺杆产业的企业规模要达到 AAA 的评级并无可能,所以发行的目标就锁定在小公募和私募上,这里就着重介绍这两类公司债的发行及审核相关流程。

	公开发行的法定条件	非公开发行
发行人类型	股份有限公司、有限责任公司 （地方政府平台公司除外）	相同
净资产	股份有限公司：净资产 ≥ 3000万元 有限责任公司：净资产 ≥ 6000万元	不限
债券余额	发行后累计债券余额 ≤ 净资产的40%	不限
净利润	最近三年平均可分配利润 ≥ 公司债券一年利息	不强制
募集资金	不与固定资产投资项目挂钩，使用灵活 可用于偿还银行贷款、补充流动资金等	相同
分期发行	一次核准，分期发行 核准有效期24个月，12个月内须完成首期发行	6个月有效

图 2.5　新公司债发行条件

图片来源：上海证券交易所。

中国海洋金融问题研究——以浙江舟山群岛新区为例

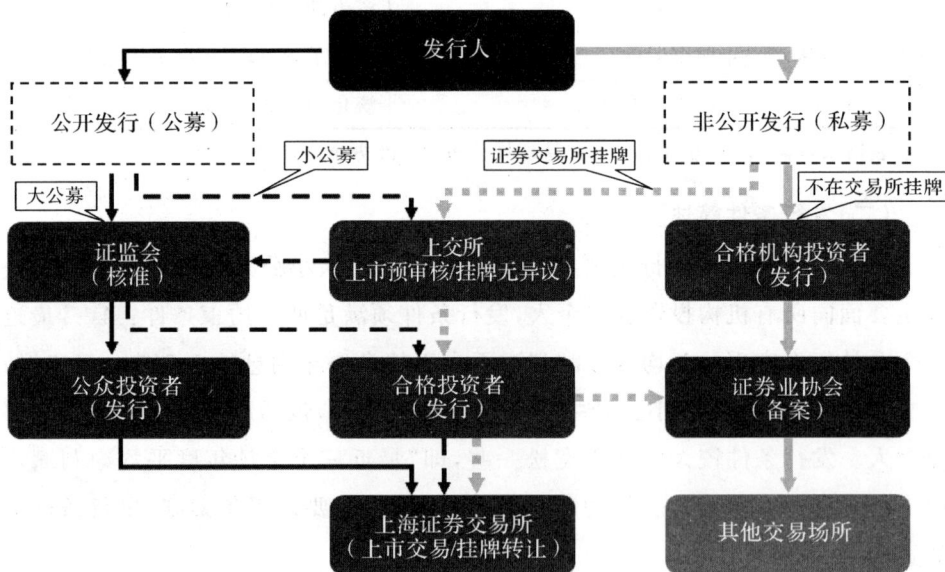

图 2.6　不同发行方式的操作流程

图片来源：上海证券交易所。

"小公募预审核"程序,取消发审委制度,不再直接由证监会核准,而是先由交易所进行预审核,这一过程一般不超过 30 个工作日。证监会以交易所的预审核意见为基础履行简易核准程序,一般不超过 10 个工作日(见图 2.7)。

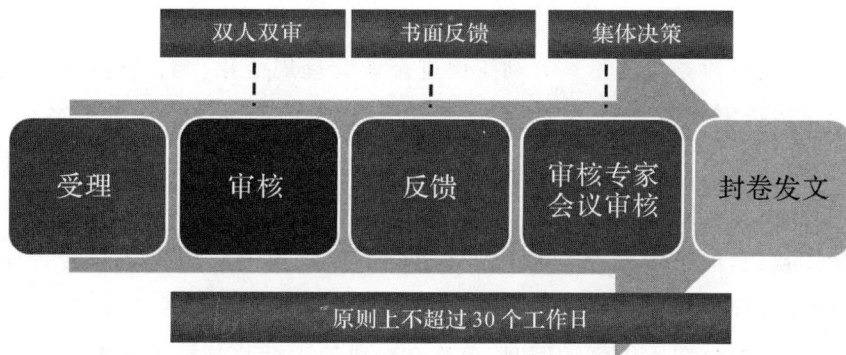

图 2.7　小公募上市预审核流程

图片来源:上海证券交易所。

非公开发行公司债券融资方式就更加灵活,实行备案制,完全遵从市场化原则(见图 2.8)。

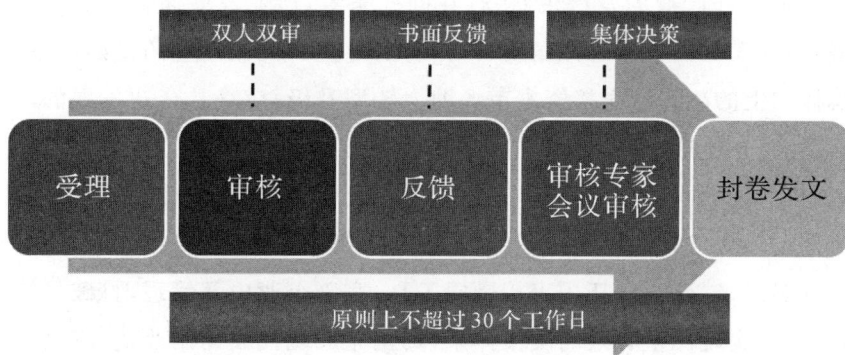

图 2.8　私募债券发行流程流程

图片来源:上海证券交易所。

(四)利用债务融资工具的作用

第一,发行债务融资工具能有效缓解企业转型、壮大过程中的资金周转困难。现阶段,金塘螺杆产业面对集群经济转型升级的迫切需求,然而在传统产业转型、新技术开发的初期,因其盈利前景难以预测和产业聚集程度较低,难以有效吸引和归集资金。因此,企业需在相关基础设施、基础平台建设方面投入大规模资金,提升企业实力,从而吸引各方投资的进入。但就目前螺杆企业现状看,显然无法实现。如果能引导企业利用发行债务融资工具,就可以为企业注入较大规模资金,有效缓解企业资金瓶颈,进而带动更多企业配合整体产业结构调整战略。

第二,发行债务融资工具有利于促进企业管理规范化。当前螺杆产业还是主要延续传统家族制管理,大多存在制度、管理方面的缺陷。发行债务融资工具,企业需通过中介机构梳理相关内部制度,接受专业评级机构进行信用评级,并依照规定进行信息披露。这个过程有助于企业完善自身的制度建设,提高企业的信用意识,促进发债企业形成产权明晰、管理规范的现代企业管理体系。同时,能有效促使企业信息披露规范化,在帮助企业通过债务融资工具募集资金、培育企业对接资本市场的同时,也为金融机构主动与其对接提供信息参考。

2.4　整体思路

从金塘螺杆产业的发展现状、存在问题来看,产业发展面临转型升级的重大挑战,但从发展趋势的总体角度看,伴着上游塑料机械产业的良好前景,行业处在总体向上的趋势。对接资本市场助力转型升级,应该从产业发展的需要出发,培育龙头企业推动其上市上柜,同时灵活运用债务融资工具加大直接融资占比,加快对接资本市场的步伐,有力地促进金塘螺杆产业的长远发展。

具体思路如下:一是通过推动龙头企业上市上柜,做大做强主业,从而打响金塘螺杆名号;二是通过巧用直接融资工具,完善企业内部管理,打破传统家族制管理模式,实现民主有效的决策体系,真正完成现代公司制改造;三是通过长期资本优势,保障科研投入需求,也可以利用现金或股权激励等手段更好吸引和留住人才;四是通过加大兼并重组力度,使企业从数量扩张型向质量效益型转变,优化产业结构,提升产业集聚效应。

2.5　对策建议

针对金塘螺杆产业发展及对接资本市场的现状,我们提出资本市场助力产业转型升级应从培育龙头上市上柜、巧用债务融资工具、善用长期资本优势等方面入手,帮助螺杆产业整体提升,实现可持续发展。

2.5.1　推动龙头企业上市上柜,打响金塘螺杆名号

(一)目的

一是通过推动龙头企业上市上柜迅速做大做强企业本身,虽然几家规上企业在国内市场有一定实力,但放眼全球化市场与发达国家企业还是有距离,借助挂牌上市给企业插上资本的翅膀助其腾飞。二是通过龙头企业的带动作用提升整个螺杆产业的生产经营水平,而集群内的其他中小企业也能因此受惠,即获得知识溢出效益,吴勇志等(2015)引用哈佛大学已故学者 Zvi Griliches 对此的定义"做相似的工作并从彼此研究中受惠",阐述了区域内同类产业之间的知识溢出问题。三是借助证券市场传播螺杆品牌形象,挂牌上市后企业信息能得到有效散播,这会推动区域品牌的高效树立,在获取广告效应后更有利于金塘螺杆整体开拓国内外新的市场。

(二)龙头企业的选择

挑选华业塑机和金星螺杆作为两家重点培育对象,推动其上市上柜。浙江华业塑料机械有限公司系国家级重点高新技术企业,是目前国内最大的生产精密螺杆、机筒及各类油缸、汽缸的专业生产企业之一,内设有负法律责任的浙江省同行业唯一机筒、螺杆质量检测中心,并具有产品进出口自营权,产品远销二十多个国家和地区,通过 ISO9001:2008 质量管理体系认证。浙江金星螺杆制造有限公司经过二十余年的不断发展,已经成为国内最大的塑料机械专用螺杆和机筒的生产基地与配套中心之一。"金友"牌机筒螺杆,已经成为中国螺杆之乡的著名品牌之一,"金友"商标为浙江省著名商标。公司生产规模大,设备精良,工艺科学,制作精良,技术力量雄厚。

(三)推动上市上柜的举措

企业上市挂牌除却自身发展考量自主发动以外,也需要政府做推手,加强外部保障推动企业去对接资本市场。

(1)营造氛围,多渠道宣传,引导企业转变观念。舟山区域内客观存在上市公司数量少、带动示范案例少的情况,加上螺杆产业内传统家族制管理的延续,故不少企业对上市上柜没有概念有些甚至是抵触。面对这种现状,政府可以通

过多形式、多渠道、多媒体的全方位宣传造势,让金塘螺杆企业主和管理者们能够全面接触现代企业各类先进管理经验、管理制度和管理思想,以及由此带来的可持续优势,让企业主真正树立现代管理理念。

(2)政策扶持,多部门联动,确保股改上市各阶段都有跟踪服务。2014 年 8 月,舟山市人民政府办公室出台了《关于加快建立现代企业制度推进区域资本市场发展的若干意见》(舟政办发〔2014〕116 号),其中涉及多项以财政补贴为主的促进政策:给予股份制改造企业税收优惠(返还或暂缓缴纳)、相关费用减免(过户费用等)、上市上柜奖励(挂牌一次性奖励及再融资奖励等),还有其他如简化办事程序等等方便政策。这些政策降低了企业上市上柜的成本与风险,落实到位后在一定程度上会调高企业积极性。同时政府相关部门应深入基层切实解决企业改制及上市上柜中遇到的难题,通过邀请专家等手段送服务、送理念、送知识,在一定程度上弥补企业内部专业人才缺乏的短板。搭建平台,引导优秀的中介机构、投资机构与企业接触,让企业在改制之初就能得到最专业优质的服务。

2.5.2 巧用债务融资工具,完善企业内部管理

(一)目的

一是通过发行债融资工具能有效缓解企业转型升级过程中的资金周转困难。企业在技术改造研发投入的初期,因其市场前景难料和集群程度较低,很难通过传统间接融资的方式筹得长期资金。而巧用债务融资工具则可以为企业注入较大规模的中长期资金,有效缓解资金瓶颈,进而带动企业配合产业调整提升。二是发行债务融资工具有利于促进企业管理规范化。当前金塘螺杆从业企业大多存在制度、管理方面的缺陷,但按照发行债务融资工具的管理办法,在发债之前必须接受专业评级机构的信用评级,并进行信息披露。那么通过中介机构的介入梳理,有助于企业完善自身制度建设,提高企业的信用意识,促进发债企业成为产权明晰、管理规范的现代化企业。企业经营透明规范后,对其他金融机构主动对接也能提供具有现实意义的信息参考。

(二)引导企业发债举措

首先,是从政策上支持企业发行债务融资工具:2014 年出台的《关于加快建立现代企业制度推进区域资本市场发展的若干意见》(舟政办发〔2014〕116 号)也涉及了鼓励企业利用各类债券进行融资的内容:大力支持同时积极协调处理

企业融资过程中所需的增信、担保等问题，成功发行后并且80％投在舟山辖区的分年期及档次按融资额予以奖励。除此之外，舟山市政府还应利用新区身份先行先试，积极向上争取政策支持，适度降低舟山市发债门槛，为区域内企业谋求更多参与直接融资的机会。其次，是加强直接融资相关知识普及工作，政府帮助企业树立公开市场融资的意识，引导企业建立健全企业公司治理、风险管理、内部控制及财务管理制度，鼓励企业加大创新力度，提升企业整体运营水平和核心竞争力，使企业能够满足更多品种债务融资工具的软性要求。最后，是加大区域内的摸排力度，及时掌握发债企业的需求，在各环节做好对接服务。

2.5.3　善用长期资本优势，增强人才研发储备

（一）目的

一是保障研发资金的投入。对于传统银行借贷来说，因为风险控制及内控要求，企业很难从银行获得用于研发的长期贷款。那么利用资本市场长期资本的优势，可以帮助企业合理稳步保证研发投入，从而实现技术突破带动产业向上延伸。二是增强人才吸引力。孙占等（2015）提出人才结构优化与区域产业结构升级之间存在密切关系，尤其在知识经济时代，人才结构优化更是决定区域产业结构升级的关键因素。一方面，在工业及知识经济时代，经济增长越来越依赖于科技发展和应用，技术进步成为经济增长的"引擎"，人才作为科技知识、技能的承载者，推动着经济社会的不断发展，并通过物资投入替代作用和知识技术溢出效应，为经济社会转型发展提供持续动力；另一方面，产业结构升级必然伴随技术和管理水平的提升，而这势必需要更多高素质、高层次人才。

（二）增强人才科研储备的举措

陈羽、邝国良（2009）提出观点认为，产业转型升级，其核心是转变产业生产方式，在投入、消耗、污染、产出、效益上实现更优目标组合，且在转变过程中必然带来产业结构中第一产业占优向第二、第三产业转移，各类产业内部劳动密集向资本、知识密集的转移，以及社会生产效率的提升。故资本与知识紧密联系共同推动区域产业优化升级。

（1）利用长期资本优势，加大分配激励力度，在更好地吸引人才的同时留住人才。科技创新的微观主体是人，一切科技创新活动最终都是由具体人组织完成的。在构成生产力诸要素中，人既是决定性因素，也是最活跃的先进生产力。金塘螺杆产业在人力资源方面没有引进人才和培训熟练技术工人的机制和政

策,特别是技术人员比例偏低,外地职工占了绝大多数,随着二三线城市的加快发展,这些外地职工存在很大不稳定性。面对这种情况,可以利用股权激励或现金高薪激励的方式招揽和留住人才,这也更好地体现了人才的价值。而且股权激励是一种长效激励手段,是能长久激发人才创新进取的内在动力。

(2)转变短贷长用的结构,利用长期资本稳定长期科研投入。陈力为等(2015)年基于工业企业大样本面板数据分析发现金融错配造成的结构性研发投资短缺对企业绩效有着显著影响。缺乏研发投资的企业只能够被锁定在劳动密集型工艺的低端缓解,并由此遏制企业对技术创新的需求。因此这种研发的资金错配造成的投入短缺,会影响产业的可持续发展。引入长期资本用于长期结构性的研发投入,才能保障企业通过技术升级带动产业升级。同时利用资本市场的前瞻性把资本的支持重点放在创新能力强的螺杆企业,促进产品结构优化。

2.5.4 加大兼并重组力度,提升产业集聚效应

(一)目的

一是通过兼并重组改变金塘螺杆产业现行小、散、乱的局面,提升行业整体竞争力。二是规避无序竞争,整合区域优势提升工艺水平,从而缩小与发达国家企业的行业差距,在全球竞争中迎头赶上,开拓新的市场。三是行业景气度有所下滑的这两年抓住与风险并存的机遇,龙头企业可以通过兼并重组行业内具有资源优势和技术优势的企业,减少技术开发周期和成本,扩大市场占有率,迅速做大做强成为具有先进水平和国际竞争力的大型制造企业。

(二)支持开展兼并重组的举措

(1)加大政策宣传,消除企业家顾虑。国务院在2014年出台了《国务院关于进一步优化企业兼并重组市场环境的意见》(国发〔2014〕14号)的鼓励政策,同时在税收上也出台了相应文件对于企业在兼并重组过程中产生的税费有相应优惠。浙江省人民政府在同年根据浙江省的具体情况有针对性地出台了《浙江省人民政府办公厅关于优化市场环境促进企业兼并重组的若干意见》(浙政办发〔2014〕145号)的鼓励政策文件。但金塘螺杆企业普遍对这些政策缺乏了解,对于兼并重组所带来的税费增加有很大的担忧和顾虑,因此要加大政策的宣传,特别是对那些上规模的企业可以一对一送知识,有针对性地进行相关业务知识讲解。

（2）重点推动股权支付模式的兼并重组。股权支付模式就是通过增发股票或以企业持有的股票去换取对方企业的各类资产（包括资产、股权、净资产等），这种方式可以极大节约企业现金资源，同时避免变现股票因规模过大或贷款利息而导致溢价或收益减少。在推动龙头企业上市上柜后，借助资本市场的市场化手段，可以加快整个产业整合，实现产业的可持续发展。

参考文献

宋炳林.国内典型区域推动块状经济转型升级的经验与启示[J].当代经济管理,2013(9).

栾贵勤,方华,王槊.宁波小家电产业创新模式研究[J].工业技术经济,2008,27(8).

陈文新,王帅,张小林.资本市场融资对产业结构升级影响的实证研究——基于新疆上市公司的经济数据[J].科技管理研究,2015,35(11).

岳跃,张宇哲.公司债大跃进[J].财新周刊,2015(37).

孟阳.公司债发行与交易新规分析[J].北方金融,2015(2).

吴勇志,张玲.知识溢出、转化性学习与中小企业创新能力提升机制研究[J].经济经纬,2015(1).

孙占,张玉赋,张华.江苏省人才与产业转型发展互动关系研究[J].科技进步与对策,2015,32(8).

陈羽,邝国良."产业升级"的理论内核及研究思路述评[J].改革,2009(10).

成力为,温源,张东辉.金融错配、结构性研发投资短缺与企业绩效——基于工业企业大样本面板数据分析[J].大连理工大学学报:社会科学版,2015,36(2).

课题成员:张曙、刘胜海、王绮若

3 保险资金支持舟山群岛新区建设研究

【摘　要】　2012 年以来,保监会密集出台了一系列关于保险投资的新政策,保险资金运用项目的发行效率和运用率呈现快速上升的势头,保险资金正成为各地方融资平台、企业争取的重要资金来源。本章介绍了我国保险资金运用现状,对保险资金的理论机制和运用模式作了详细阐述。并结合舟山实际需求与前期实际案例,提出通过构建完善投融资平台、深入挖掘项目储备、开展与保险机构的全面合作、完善项目担保增信方式和加强政策引导支持等方式,推动新区与保险资金开展合作。

【关键词】　保险资金;地方融资;基础设施建设;对策建议

3.1　我国保险资金运用现状

3.1.1　保险资金运用的历史沿革

我国保险业务从 1980 年开始恢复,保险资金运用始于 1984 年。1984 年到 1990 年基本属于试点阶段,监管十分严格,保险资金运用的主要渠道是流动资金贷款和购买金融债券。1991 年到 1995 年,保险资金运用进入混业和宽松监管极端,投资范围几乎涉及所有的投资领域和金融产品,甚至包括融资性租赁、房地产投资以及国债期货和商品期货,办"三产"成为当时特定时代背景下保险资金运用的显著特点。

1995 年《保险法》颁布,保险资金运用有了明确的法律规定,严格限定在银行存款、购买国债、金融债和国务院批准的其他形式的投资。这一时期保险资产管理呈现从严格监管到放松再到严格的阶段性特征,但总体而言保险资产管理整体规模小,影响力弱,投资渠道狭窄,管理极不规范,且保险公司总分机构都可以运用资金,未能有力支撑保险业的发展。

2003 年,新修订的《保险法》开始实施,保监会自此全面推进保险资产管理改革工作,组建了首批保险资产管理公司,通过资产管理公司集中化、专业化管理,逐步形成了承保业务与资产管理业务双轮驱动的格局,将行业从单纯的保险业务发展领入了资产负债协调发展的新历史阶段。此后,保险资金投资范围不断扩大。2004 年 3 月,保监会允许保险公司投资银行次级定期债务,6 月允许投资银行次级债券,7 月允许投资可转换公司债券,8 月允许保险外汇资金境外使用,10 月允许保险公司直接投资股市。2006 年 10 月,保监会进一步放开保险公司股权投资非上市银行业务。2009 年 4 月,保监会正式公布了《基础设施债权投资计划产品设立指引》、《关于增加保险机构债券投资品种的通知》、《关于规范保险机构股票投资业务的通知》。2010 年 8 月,保监会又发布了《保险资金运用管理暂行办法》,针对新《保险法》中放开的不动产投资和股权投资两大渠道,首次明确了投资比例上限。8 月 11 日,保监会发布《关于调整保险资金投资政策有关问题的通知》,制定了相配套的投资政策细则。9 月 3 日,保监会同时发布《保险资金投资不动产暂行办法》和《保险资金投资股权暂行办法》,明确允许保险资金投资不动产和未上市企业股权。2012 年 10 月,保监会连续发布《保险资金参与股指期货交易规定》、《保险资金参与金融衍生产品交易暂行办法》、《保险资金境外投资管理暂行办法实施细则》、《基础设施债权投资计划管理暂行规定》,对保险资金投资股指期货、远期与期货等金融衍生品、境外投资以及基础设施债权投资做了具体规定。2013 年 2 月,保监会又发布了《关于保险资产管理公司开展资产管理产品业务试点有关问题的通知》。2014 年,又陆续在创业板股票、蓝筹股、优先股、创投基金等保险资金投资领域进一步放开限制。一系列的险资新政拆除了保险资产管理长期封闭发展的篱墙,支持保险资产管理业务发展创新。保险资金另类投资呈现爆发式增长。[①]

3.1.2　保险资金运用的现状和发展趋势

(一)保险资金投资规模逐年扩大

近年来我国保险资金运用渠道逐步放开,资金运用规模逐年扩大。2005—

---

① 　创新发展研究报告课题组,2014:中国保险资产管理业创新发展研究报告。

2014 年十年间,保险资金运用规模年年攀升,从 2005 年的 1.41 万亿元增长到 2015 年的 9.33 万亿元,十年间保险资金投资规模增长了 6.6 倍,年平均增速达 23.37%。最高涨幅达 49.83%(见图 3.1)。[①]

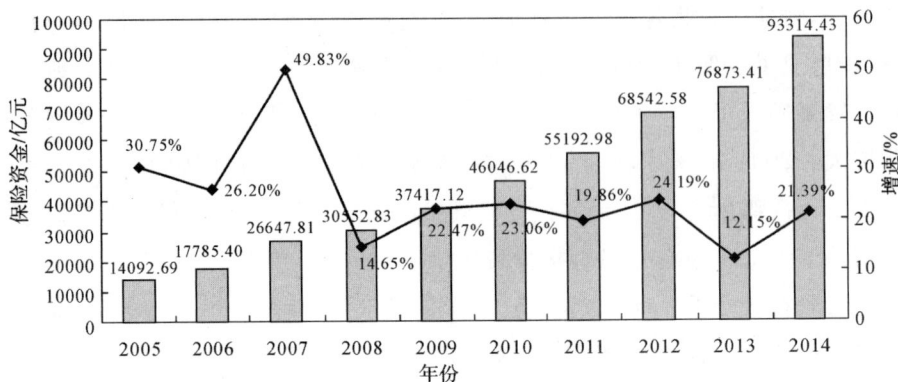

图 3.1　我国保险资金运用规模

(二)资金运用日趋多元化,投资结构渐趋合理

随着保险投资范围的持续放宽,开展全面的资产配置成为可能。保险投资新政为保险资金开展资产配置提供了更多的基础投资工具,从传统公开市场投资拓展到基础设施、股权、不动产、集合信托计划、金融衍生品等另类投资以及境外投资,使保险公司开展真正意义上的多元化资产配置成为可能。从投资方向上看,保险资产管理对传统的银行存款、债券比例逐步下降,保险资金更多的对接其他类投资产品,特别是债权投资计划、不动产投资计划、创新类金融产品、投资性房地产的投资快速增长。2013 年末至 2015 年 9 月,其他类投资占比上升了 10.59%,投资比例达到 27.49%,新增保险资金投资偏好从被动资产配置到积极寻求投资机会的方向大幅度转变。见表 3.1。

表 3.1　保险资产管理投资分类比例[②]

投资分类	2015 年 9 月末		2014 年末		2013 年末	
	规模(亿元)	比例(%)	规模(亿元)	比例(%)	规模(亿元)	比例(%)
银行存款	25424.65	24.46	25310.73	27.12	22640.98	29.45

---

① 数据来源:中国保监会官网。

② 数据来源:中国保监会官网。

投资分类	2015 年 9 月末		2014 年末		2013 年末	
	规模(亿元)	比例(%)	规模(亿元)	比例(%)	规模(亿元)	比例(%)
债券	36196.60	34.83	35599.71	38.15	33375.42	43.42
股票和证券投资基金	13744.51	13.07	10325.58	11.06	7864.82	10.23
其他投资	28568.93	27.49	22078.41	23.67	12992.19	16.90
资产投资规模总计	103934.69	100	93314.43	100	76873.41	100

3.2　舟山市引入保险资金可行性分析

3.2.1　理论研究

欧美从 19 世纪就开始了对保险资金运用原则的理论研究,英国经济学家A. A. Bailey(1862)提出保险资金投资过程中的五大原则:安全性;最高的实际收益率;部分资金投资于能迅速变现的证券;另一部分资金可投资于不能迅速变现的证券;投资应有利于寿险事业的发展。1948 年,英国精算师佩格勒(J. B. Pegler)修正贝利的观点,提出寿险投资的四大原则:获得最高预期收益;投资应尽量分散;投资结构多样化并根据未来趋势选择新的投资;投资应将经济效益和社会效益并重,合乎社会经济发展的趋势。由此提出了保险资金运用的社会性问题。

国内学者在学习国外研究成果的基础上,对保险资金投资基础设施建设这一领域开展了一系列研究。卓志、邬润龙(2003)认为,应积极探索保险资金投入基础设施建设,有助于改变基础设施质量效率低下的现状、节约稀缺的公共资源、吸引社会资金投资基础设施。孙祁祥、朱南军(2004)也认为,亟需打通保险资金投资于基础设施和重点工程的通道,市政债券、贷款和信托计划都是值得选择的模式。曹顺明、胡滨(2006)则从促进保险业和国家基础建设的意义角度出发,对保险资金投资基础设施建设的可行性和投资路径进行了分析,建议允许保险企业购买集合信托计划、委托贷款等模式间接投资基础设施。吴文庆(2006)采用模型对保险资金投资组合策略问题进行分析,证实了基础设施投资渠道有利于保险资金投资收益性和安全性。李香雨和程鹏(2012)认为,保险可以缩小社会的风险储备金规模,提高储蓄转化为投资的比例,提高资本的配置效率和促进技术创新来影响资本的边际生产率,从而促进经济增长。并经过实证研究指出,保险资金运用受外部条件的某一冲击后,传递给 GDP,给经济增长带来同向的冲击,而且这种积极的影响是长期的,具有持续效应。

3.2.2　保险资金运用的特点与优势

保险资金作为保险公司因各类保险业务而积聚的暂时闲散资金,相比其他类型资金,具有独特属性:一是期限较长。保险资金主要来源于保险产品的各种准备金,寿险的综合平均负债期限通常在 10 年以上。出于资产负债管理要求,保险资金运用必须更加注重投资的长期性和稳定性,融资期限一般为 5~7年。二是单笔融资规模大,对单个基础设施项目的投资金额通常可达到 10 亿~30 亿元。三是资金成本稳定。在满足信用评级要求的条件下,资金成本相对稳定,有利于融资企业控制财务费用。四是还款方式灵活,可根据需求量身设计还款结构,有利于融资企业稳定债务结构,也可缓解舟山市基础设施建设集中建设期的还款压力。五是不占用净资产额度,融资规模与项目投资额度挂钩,侧重于强调担保人的资格,对于融资企业自身没有净资产的要求,而公司债、中期票据等有着严格的 40% 的净资产额度限制,有利于融资企业提高融资效率。

3.2.3　保险资金运用对新区发展具有重要意义

保险资金与地方政府融资项目有着很高的契合度。首先,保险资金投资特点与地方政府融资项目特点匹配,体现在安全性和收益率的匹配、长期性期限的匹配、投资规模与融资规模的匹配。其次,保险资金投资于地方政府融资项目,符合金融服务的本质以及政策导向,即金融服务于实体经济并向民生领域倾斜。保险资金进入新区,既是保险资金的投资需要,也符合新区的实际需求。新区借助保险资金发展地方经济的需要,有着很强的必要性和可行性。

第一,可提升融资总量,优化融资结构。目前舟山市正强势推进新区开发建设,融资需求量大,但大量依赖银行贷款,2014 年 12 月末,全市银行机构融资总量 2577.37 亿元,占全市金融总量的 95.2%。[①] 在全市存贷比居高不下,银

---

① 数据来源:中国人民银行舟山市中心支行。

行融资量很难有大的提升的情况下,引入保险资金可以补充基础设施建设所需的大量资金,优化融资结构。

第二,缓解重点平台与项目资金需求。新区基础设施建设需要大额、长期、低成本资金的支持,舟山市各类融资平台均承担了大量的项目任务和融资压力,但目前除交投、海投外的政府性融资平台均以依靠银行贷款为主,融资渠道单一。国务院43号文发布以来,随着监管层对地方融资平台累积风险的担忧,对“平台贷”的管控进一步增强,融资工作形势严峻。保险资金可作为银行信贷的重要补充,发挥资金融通功能,缓解舟山市融资平台、重点项目建设的资金需求。

第三,有利于促进金融稳定。长期性的保险资金能够替代地方建设对资本市场中短期资金的需求,帮助重大建设项目横跨经济周期,防止可能发生的大量坏账对金融体系的冲击。

3.3　保险资金应用模式研究

2012年以来,保监会积极推进保险资金投资基础设施、不动产、股权投资及相关产业,不断推动保险资金运用方式的创新,提升投资方式的灵活性和投资领域的深度、广度。在保险资金各种运用方式中能与新区进行直接合作的,主要包括基础设施债权投资计划、不动产债权投资计划、项目资产支持计划和直接股权投资等四大类。

3.3.1　基础设施债权投资计划

(一)定义

所谓基础设施债权投资计划,是指保险资产管理公司等专业管理机构作为受托人,根据保监会相关政策规定,面向委托人发行受益凭证,募集资金以债权方式投资符合政策条件的基础设施项目,按照约定支付预期收益并兑付本金的金融产品。[①] 基础设施债权投资计划是保险资金投资地方政府大型项目的主要方式,具有资金一次到位、运用相对自由、期限长、资金总量大的优势和特点,对

---

① 　资料来源:保监会《基础设施债权投资计划管理暂行规定》。

地方基础设施建设能起到积极有效的作用(见图3.2)。

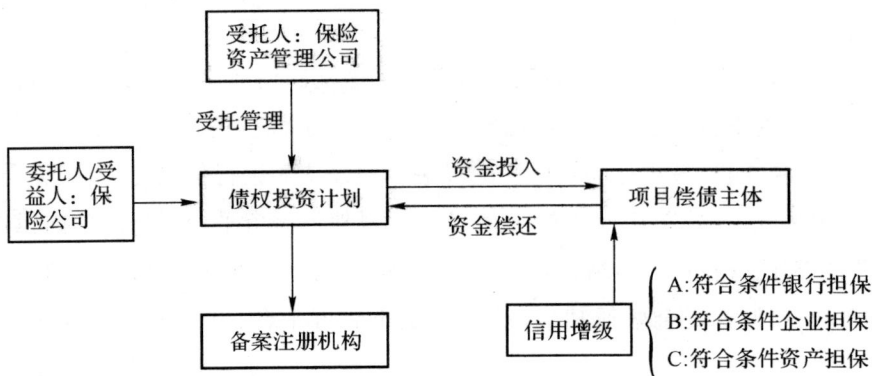

图 3.2　基础设施债权投资计划

(二)项目要求

投资范围主要包括交通、通信、能源、市政、环保等领域的重点基础设施项目。项目应当投资于一个或者同类型的一组基础设施项目。项目方资本金不低于项目总预算的30%或者符合国家有关资本金比例的规定;在建项目自筹资金不低于项目总预算的60%。

(三)偿债主体

偿债主体需经工商行政管理机关(或主管机关)核准登记,具备担任融资和偿债主体的法定资质。具备持续经营能力和良好发展前景,具有稳定可靠的收入和现金流,财务状况良好。信用状况良好,无违约等不良记录。最近一个会计年度资产负债率、经营现金流与负债比率和利息保障倍数,达到同期全国银行间债券市场新发行债券企业行业平均水平,产品信用等级不低于国内信用评级机构评定的A级或者相当于A级的信用级别。

(四)信用增信

债券投资计划除偿债主体是AAA级企业且归属于母公司权益不低于300亿元,营业收入不低于500亿元的,可免于信用增级外,均需采用信用增信,包括以下几种方式:

A类增级方式。国家专项基金、政策性银行、国有商业银行或者股份制商业银行,提供本息全额无条件不可撤销连带责任保证担保。

B类增级方式。在中国境内依法注册成立的企业(公司),提供本息全额无条件不可撤销连带责任保证担保,并满足下列条件:

（1）担保人信用评级不低于偿债主体信用评级。

（2）债权投资计划发行规模不超过 20 亿元的，担保人上年末净资产不低于 60 亿元；发行规模大于 20 亿元且不超过 30 亿元的，担保人上年末净资产不低于 100 亿元；发行规模大于 30 亿元的，担保人上年末净资产不低于 150 亿元。

（3）同一担保人全部担保金额，占其净资产的比例不超过 50%。

（4）偿债主体母公司或实际控制人提供担保的，担保人净资产不低于偿债主体净资产的 1.5 倍。

C 类增级方式。以流动性较高、公允价值不低于债务价值 2 倍，且具有完全处置权的上市公司无限售流通股份提供质押担保，或者以依法可以转让的收费权提供质押担保，或者以依法有权处分且未有任何他项权利附着的、具有增值潜力且易于变现的实物资产提供抵押担保。

基础设施债权项目具有投资期限长、收益率较高、筹资额大等特点，符合保险资金的特性，且多由保险机构自主发行。近年来其作为非标资产的代表，受到保险资金配置比例持续提升。① 现有基础设施债权计划资金投向重点偏好于交通和能源领域，主要因为交通、能源以及市政领域的项目，偿债主体以中央企业或省级人民政府平台企业为主，资产实力雄厚，还款来源清晰，项目回报可靠并且担保主体的资质较高。但随着与地方政府、企业洽谈的推进，保险机构涉及地区和细分行业的面也逐步拓宽。

3.3.2 保险资金股权投资

保险资金股权投资按照投资方式可以分为直接投资和间接投资，即直接投资企业股权或通过股权投资基金投资企业股权。

（一）直接投资

保险资金直接投资股权，包括保险类企业、非保险类金融企业和与保险业务相关的养老、医疗、汽车服务等企业的股权，以及能源企业、资源企业和与保险业务相关的现代农业企业、新型商贸流通企业的股权，且该股权指向的标的企业应当符合国家宏观政策和产业政策，具有稳定的现金流和良好的经济效益。②

---

① 资料来源：《2014 年保险资产管理行业年度报告》。
② 资料来源：保监会《保险资金投资股权暂行办法》。

直接股权投资一直是保险资金股权投资的主要方式,在相关政策出台之前,保险资金就相继以股权投资方式参与大型基础设施建设、不动产投资等。如 2008 年平安、太保、泰康出资 160 亿元入股京沪高速铁路股份公司股权;2009 年泰康实施养老社区股权投资计划,总规模 22 亿元,投资养老社区项目。近年来,在出台相关管理政策、逐步放开投资范围后,保险资金加快了对能源、金融等行业的股权投资。2012 年平安保险集团出资 20 亿元投资温州铁路市域 S1 线项目平台公司股权;2013 年中国人寿出资 3 亿元认购中粮期货 35% 的股权,及泰康资管参与入股设立中石油管道联合有限公司。

(二)间接投资

保险资金间接投资股权,主要指投资股权投资基金,包括成长基金、并购基金、新兴战略产业基金和以上股权投资基金为投资标的的母基金,投向除直接投资股权允许的行业,也包括投资建设和管理运营公共租赁住房或者廉租住房的企业股权。①

近年来,保监会加快放开保险资金进入股权投资基金,相继出台相关政策。保险机构可以通过结构创新、管理创新和风控创新,设计出更加灵活多样的股权类金融产品,满足真实有效的社会需求。

2012 年,中国人寿保险公司与苏州市人民政府合作成立了 100 亿元国寿(苏州)城市发展产业投资基金(有限合伙制股权投资企业),投向为城市基础设施建设投资项目及城市发展产业项目。

该基金股东包括:苏州国资企业——苏州国发创投出资 30 亿元,为普通合伙人及执行事务合伙人,在投资决策委员会监督下负责基金投资管理,并承担无限责任;中国人寿保险股份有限公司、中国人寿保险(集团)公司、中国人寿财产保险股份有限公司和东吴证券分别出资 50 亿元、5 亿元、5 亿元和 10 亿元,为有限合伙人,以其入股资金承担有限责任,享受保底收益(由苏州方面为中国人寿的股权提供回购)。

苏州模式的主要特点是保险资金以股权投资、有限合伙的方式为城市开发建设及产业发展提供一揽子专项资金,优势是:一是可以做城建项目资本金,与各种类型的债务融资相配合;二是保险资金以有限合伙方式入股基金,苏州方面在资金使用方面有较强的主导权;三是为综合利用保险资金支持城市建设、

---

① 保监会《关于保险资金投资股权和不动产有关问题的通知》。

产业发展提供平台。

　　但是总体上来看,相比较其他投资方式而言,保险资金投资股权投资进展仍相对缓慢。一方面,是保监会相关政策虽在逐步放开,但是政策限制仍然较大。保监会为降低风险、增加对资金运用的风控能力,对保险资金进入股权投资领域设置了诸多限制,包括投向行业限制、投资管理方式限制、投资资格限制等。另一方面,则是保险公司对待股权投资,尤其是间接股权投资,态度仍然较为保守,同时自 2012 年以来国内经济增速放缓,股权投资领域遭遇较多困难,投资形势趋紧,保险资金对市场持观望态度。

3.3.3　保险资金投资不动产

　　保险资金投资不动产仅限于基础设施类不动产、商业不动产、办公不动产、与保险业务相关的养老、医疗、汽车服务等不动产及自用性不动产,不得进行投资开发或者销售商业住宅和直接从事房地产开发建设(包括一级土地开发),禁止投资设立房地产企业,投资未上市房地产企业股权但项目公司股权除外。①

　　保险资金投资不动产可以采用债权、股权、物权及不动产金融产品四种投资方式。从直接投资的范围看,保险资金可以采取物权方式投资不动产包括取得预售许可证或者销售许可证的可转让项目,以及取得产权证或者他项权证的项目。其他类型的不动产投资,如用地项目、在建项目、政府土地储备项目,则需要采取债权投资计划,其中,土地储备项目不能采用股权投资。除政府土地储备项目外,保险资金投资不动产也可以采用债权转股权、债权转物权或者股权转物权等方式。从间接投资的方式看,保险资金投资不动产金融产品,以国外的经验及国内发展趋势来说,保险资金可以投资参与房地产信托投资基金、信托、各种资产证券化产品等金融产品。

　　从房地产开发角度看,保险资金可以债权计划方式参与一级土地开发(包括土地储备项目及基础设施类不动产项目),如国寿、人保、华泰、泰康、平安、太平等 6 家保险公司参与北京市保障房项目土地储备债权投资计划;以参股及设立项目公司、自建自用、购置自用等方式参与二级土地开发及地产物业管理,开展商业地产开发以及公共租赁保障房项目,如近年来平安、国寿、太平等大型保险集团相继直接参与竞购杭州、上海、深圳等中心城市土地,由项目公司负责商

---

　　①　保监会《保险资金投资不动产暂行办法》。

业地产建设和开发,泰康人寿、合众人寿、中国人寿相继设立项目公司购买土地开发养老休闲地产,2011 年,太保集团、平安集团分别设立债权投资计划参与上海公共租赁房项目和保障房项目,部分保险公司通过股权购买方式收购商业地产,或者以不动产债权投资计划参与成熟持有型物业投资。

根据相关政策,保险资金投资非自用性不动产最大的投资比例为 15%,未来有极大的发展空间。近年来,在政策放开的刺激下,各保险集团积极参与布局不动产投资,并逐步拓展不动产领域的投资范围,利用债权、股权、物权以及各种金融创新产品,成立各种项目公司,与房地产开发商组建合资公司,从简单的自购自用、自建自用逐步积累不动产投资、开发经验,到直接参与商业地产开发。不动产投资拥有稳定且较高的收益及现金流,和保险集团的资金管理、资产负债管理特点及资金运用要求正好相符,是保险资金运用、创新的重要方向。

3.3.4　项目资产支持计划

我国的资产证券化按照监管部门的不同进行业务模式划分,目前包括四大类模式:资产支持专项计划模式、信托计划模式、资产支持票据(ABN)模式以及项目资产支持计划模式,监管部门分别为证监会、银监会、银行间市场交易商协会和保监会。其中项目资产支持计划是指保险资产管理公司等专业管理机构作为受托人设立支持计划,以基础资产产生的现金流为偿付支持,面向保险机构等合格投资者发行受益凭证的业务活动。

基础资产应当符合法律法规的规定,能够直接产生独立、可持续现金流的财产、财产权利或者财产与财产权利构成的资产组合。除国家政策支持的基础设施项目、保障房和城镇化建设等领域的基础资产之外,支持计划存续期间,基础资产预期产生的现金流,应当覆盖支持计划预期投资收益和投资本金。[①]

特殊目的载体(SPV)是资产证券化的核心参与主体之一,项目资产支持计划中,保险资产管理公司实际承担着 SPV 的角色。在现行政策条件下,不同于信贷资产证券化计划下的特殊目的信托,如果不引入信托机构等,项目资产支持计划可能很难做到基础资产的真实销售和风险隔离,目前为控制风险,多采取基础资产回购的方式。

2013 年 4 月,新华保险试水项目资产支持计划,由新华保险资产管理公司

---

① 保监会《资产支持计划业务管理暂行办法》。

为受托人,项目投向东方资产管理公司,基础资产为东方资产管理公司的不良债权,项目规模 100 亿元,协议利率 6.8%。交易结构预计为:新华保险资产管理公司作为受托人,发起项目资产支持计划;新华保险公司作为委托人和受益人,出资购买项目资产支持计划债权份额;东方资产管理公司将不良债权打包过户到项目资产计划共管资产池,并约定对不良债权到期进行回购。其后不久,新华保险与华融资产管理公司合作进行类似项目资产支持计划,金额也为 100 亿元;2015 年 6 月,新华保险资产管理公司再次发起项目资产支持计划,资金投向苏州国发的股权投资基金有限合伙份额,同时与苏州国发签订回购协议。

上述项目资产支持计划,已部分具备资产证券化的形式,但是由于有回购协议,这些基础资产并没有实现转移或真实销售,因此这些项目资产支持计划实质上更像是抵押委托贷款。目前,各大保险公司也正积极探索创新交易结构。

2014 年 12 月,"民生通惠-阿里金融 1 号支持计划"获中国保监会批复,该计划由民生保险旗下民生通惠资产管理有限公司和蚂蚁金融服务集团旗下蚂蚁微贷合作推出,募集总规模达 30 亿元。在该支持计划中,民生通惠将作为管理人,以产品形式募集资金,购买蚂蚁金融服务集团旗下小额贷款公司的小额贷款资产,以该基础资产的回收款偿付投资收益,到期向投资者返还投资本息。根据不同的风险和收益特征,"民生通惠-阿里金融 1 号项目资产支持计划"分为优先级和次级受益凭证。其中,民生保险万能险"金元宝"的产品将投资于本计划的优先级资产支持证券;蚂蚁金融旗下蚂蚁微贷持有全部次级份额。优先级收益凭证获得上海新世纪信评公司 3A 的信用评级。

3.4 舟山市保险资金引入实例研究

3.4.1 项目合作情况

(一)329 国道舟山段改建工程项目[①]

2012 年上半年,太平洋产险舟山中心支公司结合中国保监会关于《保险资

---

① 资料来源:太平洋产险舟山中心支公司。

金间接投资基础设施项目试点管理办法》中明确的基础设施债权投资的基本要求和范围,在经过初期选择项目、落实担保银行、争取总部立项、洽谈投资细节等多项努力,最终促成舟山交通投资集团有限公司、太平洋资产管理有限责任公司、中国农业银行股份有限公司舟山市分行于 2012 年 12 月 19 日在舟山签订了关于以 329 国道舟山段改建工程项目作为募集资金标的发起设立债权投资计划的合作意向协议。确定:投资计划期限暂定为 10 年,从第 6 年开始还本;规模不超过 20 亿元,以中国农业银行最终授信为准;利率采用投资合同签署日的基准利率;中国农业银行作为融资顾问,担保费用为 1%。

意向协议签订后,三方按照各自确定的工作范围开展后续工作:由市交通投资集团(甲方)负责落实标的项目的审批并聘请丙方为投资计划融资提供担保,并配合太平洋资产管理公司(乙方)尽职调查工作;太平洋资产管理公司负责组织协调会计师事务所、律师事务所、评级机构等中介对甲方及其标的项目进行尽职调查;起草相关协议和申报文件,并上报相关主管部门;在三方协商的基础之上,制定具体发行方案;负责协调账户托管及债权投资计划后续的日常运作管理、信息披露、到期清算等工作;农行舟山市分行(丙方)作为项目的融资顾问,负责向总行申报担保事宜,整体协调推进有关本次项目的方案设计、资料收集、尽职调查、关键条款落实以及甲乙双方间的相关协调工作,并负责债权投资计划设立后的托管工作。

以上工作在进行过程中,因项目调整而中止。

(二)本岛北部钓梁围垦二期项目[①]

舟山海洋综合开发投资有限公司公司在保障项目公司资本金的基础上,与中国人保集团旗下人保投资控股有限公司签订 50 亿元融资意向协议,2013 年上半年实质启动 25 亿元债权计划,并于 2013 年 6 月在杭州签订了以本岛北部钓梁围垦项目作为募集资金标的发起设立的债券投资计划的框架协议。项目资金规模 25 亿元,利率拟采用同期银行贷款基准利率 6%。

合作协议签订后,双方分别就第三方尽职调查、确定担保银行等开展工作,后因项目涉及的国家建设用海使用许可证未获国家海洋局批准影响,债权融资暂缓。现此项目股权已划转至舟山本岛北部开发建设投资有限公司,海投公司近期则以银行间市场和交易所市场发债为主,暂时中止了与中国人保集团的合作。

---

① 资料来源:舟山海洋综合开发投资有限公司。

3.4.2 舟山市引入保险资金的限制和存在问题

结合舟山市在引入保险资金方面的尝试和其他地市的成功经验,目前保险资金特别是基础设施债权投资计划在实际操作中有诸多需要考虑的问题:

(一)选择确定合适的项目是成功的关键

一是保险资金的运用范围有限,目前主要包括四大类,(1)基础设施项目:能源、交通、市政、环保、通信;(2)保障房项目:棚户区改造、公租房等;(3)商业地产;(4)土地储备项目。二是对项目投资的资金总量要求高,出于投资成本及规模效应的考虑,保险公司一般要求项目投资总额超过50亿元,保险资金投资规模原则上要求20亿元以上,对于中等规模的项目支持可能不足。

(二)监管和提供担保要求较高

规定的担保范围主要包括:A类——国家专项基金、商业银行、股份制银行提供担保;B类——符合归属于母公司权益要求(60亿、100亿、150亿元)的企业提供担保;C类——资产抵押或股票质押(不低于债务价值2倍)。舟山除银行外难以找到符合条件的担保单位。

(三)银行担保费用对融资成本的影响

目前银行的担保费用一般在1%～1.5%,大大推高了项目资金成本。在开具银行担保函的同时,一般银行要求留存10%左右的保证金,提高了实际资金成本。此外,担保需经银行总行审批,内部审批程序较复杂,过程时间也较长。

3.5 引入保险资金支持新区建设的对策和建议

保险资金作为新区多元化拓展融资渠道的一种方式,其资金的长期性、稳定性、相对较低的成本和灵活的资金使用方式,对于新区补充项目资本金、筹措巨额发展建设资金,能发挥重要的作用。根据保险资金特点和运用方式,为更好地引入保险资金,结合新区实际情况,提出如下建议:

3.5.1 构建完善投融资平台

保险资金对投资项目的审批层级、行业属性、合作机构的实力等,都有着硬性的规定,需要合作主体必须达到一定要求。发行债权投资计划的主体,在资产负债率、经营现金流与负债比率和利息保障倍数等财务指标上达到企业债发行要求等;开展项目资产支持计划时,需要拥有稳定现金流入的资产作为融资活动的基础资产等。这些都需要新区保险资金运用的主体——政府性投融资平台企业,能够拥有良好主营业务、较大的净资产规模、良好的潜在发债能力、明确的业务特点等。因此,需要加快新区投融资体系改革,增强政府性投融资平台的投融资能力和经营管理水平。目前舟山市较为成熟的政府性融资平台比如海投、交投等依靠在银行间和交易所市场发行各类债券,打通了直接融资渠道,获得了利率远低于保险资金的低成本资金。但除此之外其他的包括各县区、功能区在内的各类政府性融资平台,因资产质量相对较差,融资渠道单一,对保险资金的需求远高于上述海投、交投等较成熟的平台公司。所以,更需加强资产业务整合,注入优质资产和股权,改善相应的经营及财务情况,提升经营管理水平和融资能力,为新区引进保险资金打下良好基础。

3.5.2 深入挖掘项目储备,做好保险资金与项目的对接工作

保险资金安全稳健的原则致使监管部门对保险资金进入项目的门槛较高,项目的选择是引入保险资金成功与否的重要因素。为此,我们一是要做好项目梳理及包装。积极挖掘和梳理符合国家产业政策、新区开发建设方向和行业投资规范的基础设施项目,建立保险资金投资项目库。二是各部门要在项目规划前期提前与金融机构对接融资安排,根据项目的行业特点、建设周期、项目现金流等情况,寻找与项目建设进度相匹配的融资方式,有效提升融资效率,解决融资难题。三是要加大宣传推介。加大对重点基础设施项目的宣传力度,积极与地方保险机构、资产管理公司建立起长期合作关系,了解保险资金投资动向,做好投资方与基础设施项目融资方的日常沟通,做好项目对接。

3.5.3 开展与保险机构的全面合作

近年来,从传统公开市场投资拓展到基础设施、股权、不动产、集合信托计划、金融衍生品等另类投资以及境外投资,保险资金不断增加另类投资比例、放宽投资范围、创新投资方式。借此契机,新区可加强与大型保险集团、保险资产管理公司的全面合作,构建综合性的合作平台,将新区基础设施建设项目、大型产业项目打包,通过合作平台筹建项目资金。

一是合作组建舟山群岛新区城市发展建设基金,采取有限合伙的方式,同时引入民间资金和大型机构投资者,市属国资公司与保险资产管理公司通过设立基金管理公司为普通合伙人,投向为新区大型基础设施项目、城市建设项目、大型旅游项目、旅游地产项目、土地储备开发等不动产投资等项目资本金,将养老休闲地产开发与旅游城市建设结合,共同推进新区旅游休闲资源的整体开发。为降低成本,可以考虑通过内部信用增级的方式,在保险资金入股股权投资基金时实行分级。

二是构建综合性的合作平台。合作平台以城市建设基金的基金管理公司为核心,保险资产管理和市属国资公司为合作参与方,双方建立合作机制,签署合作协议框架,在保险业务、债权投资、股权投资、投资基金、基础设施建设、旅游、健康养老、不动产领域进行深入合作。舟山群岛新区政府、省政府(或者省国资公司)为合作资金提供隐性担保,并在省政府支持下建立债务偿还准备机制;保险集团承诺提供一揽子保险资金支持新区建设,推进保险资金运用方式创新,深化全面合作。

三是优化项目合作。将同类基础设施项目通过合作平台打包成项目组,如交通类、土地开发类、围垦类、产业类等项目组,实施债权投资计划。以市属国资公司设立项目子公司,城市发展建设基金根据基金投资领域属性入股项目子公司,补充项目资本金。对债权投资计划资金与股权投资基金的投资收益,根据风险收益分类,后者享受较高的投资收益(保底收益和次级收益相结合),前者提供较低的投资收益(优先级收益),承担较低的风险。

3.5.4 完善项目担保增信方式

目前舟山市没有 AAA 级企业,引进保险资金必须要通过第三方担保增信。以债券投资计划为例,增信方式主要包括:A 类,由国家专项基金、银行提供本息全额无条件不可撤销连带责任保证担保;B 类,符合归属于母公司权益要求(60 亿、100 亿、150 亿元)的企业提供担保;C 类,资产抵押或股票质押(不低于债务价值 2 倍)。目前通用的做法以银行银行作为融资担保,但是此类做法需支付银行的 1%～1.5% 的担保费用,将导致地方政府基础设施项目融资成本的大幅上升。因此,舟山市在与继续与商业银行对接担保方案的同时,可积极争取省政府支持,加强与省属重点企业集团的合作,为新区重点项目提供担保,降低融资成本,增加融资方式的可行性。

3.5.5 加强政策引导支持

积极出台优惠政策,鼓励企业运用保险资金、保险公司服务促进保险资金投资。如对引入保险资金达到一定规模的企业或个人,给予相应的奖励;对在舟山有投资、且投资规模达到一定要求的保险集团,其在舟山开展保险业务时优先给予支持;对提供担保的企业,给予一定担保费补贴,以弥补担保占用担保企业净资产的损失;对保险资金拟参与的投资项目,新区在审批、项目用地等环节给予优惠措施。通过优化保险资金投资环境,引导保险公司创新运用债权、股权、股债结合、资产证券化等金融工具,支持舟山市重点产业和项目建设的发展。

参考文献

创新发展研究报告课题组. 中国保险资产管理业创新发展研究报告[R]. 2014.

卓志,邬润龙. 保险资金投资城市基建的探索[J]. 财经科学,2003(3).

孙祁祥,朱南军. 我国保险资金投资基础设施和重点工程模式分析[J]. 上海保险,2004(7).

曹顺明,胡滨. 保险资金投资基础设施的可行性和路径研究[J]. 保险研究,2006(1).

吴文庆. 保险资金投资基础设施策略研究[J]. 经济研究参考,2006(88).

李香雨,程鹏. 保险资金运用对投资和经济增长的贡献研究[J]. 保险研究,2012(9).

华宝证券研究所. 2014 年保险资产管理行业年度报告[R]. 2015.

课题组成员:沈锡飞、杨肖妤

4　PPP融资模式探讨及对舟山启示

【摘　要】　近年来,PPP模式成为地方政府创新融资渠道的重要抓手。本文从PPP模式推出的背景入手,详细分析了理论内涵、国内外发展现状等,重点对PPP模式进行了SWOT分析,再通过对固安工业园区的实际案例分析,从四个方面得出对舟山发展PPP模式的启示,即转变观念、高度重视,出台政策、完善机制,加强宣传、以诚相待,仔细甄别、重视监管。

【关键词】　PPP;融资;舟山

4.1　研究背景

为应对2008年欧美金融危机,我国采取了宏观扩张的货币财政政策,在保增长的同时,地方政府性债务和融资平台也随之进入快速扩张期。根据国家审计署披露,截至2013年6月底,全国各级政府负有偿还责任的债务20万亿元,其中,地方各级政府负有偿还责任的债务规模达11万亿元,比2010年年底增加近4万亿元,年均增长约20%,增长速度较快。地方政府性举债行为暴露出不规范、没有法律依据、债务规模底数不清等问题,进而造成投资效率低下,浪费腐败滋生,潜在风险集聚等现象。随着我国经济发展进入新常态,经济下行压力逐步加大,地方债务问题不断突出,融资平台的偿债风险不断显现,原有的政府举债模式和行为难以维系。

2015年11月3日,《十三五规划建议》正式发布。"十三五规划"特别强调加快投融资体制改革,加强政府与社会资本的合作,并指出"鼓励社会力量兴办"、"民营企业参与",显示出中央对政府和社会资本合作模式(PPP)的空前重视。2015年1月1日起施行的新预算法,明确今后地方政府债只能采取发行地方政府债券一种方式,除此之外,地方政府及其所属部门不得以任何方式举借债务。对于举债用途也进行明确规定,只能用于公益性资本支出,不得用于经常性支出。能通过 PPP 模式转化为企业债务的,不纳入政府债务。自党的十八大以来,国务院先后下发了《关于加强地方政府性债务管理的意见》(国发〔2014〕43 号)、《关于在公共服务领域推广政府和社会资本合作模式的指导意见》(国办发〔2015〕42 号)等多项政策文件,明确提出"推广使用政府与社会资本合作模式,鼓励社会资本通过特许经营等方式,参与城市基础设施等有一定收益的公益性事业投资和运营"。通过 PPP 的方式,要为稳增长出力,要有效弥补当期财政投入不足,减轻当期财政支出压力,平滑年度间财政支出波动,防范和化解政府性债务风险。在最近 2 年时间里,国务院及发改委、财政部、央行等相关中央相关部门专门针对政府和社会资本合作模式及地方政府性债务等问题先后发文 10 余次(见表 4.1),这充分说明中央政府高度重视 PPP 在全国的推广运用,PPP 模式被视为对冲经济下行压力的重要手段,改变公共服务供给机制的重大创新,PPP 的推广和运用有利于厘清政府和市场的边界,激发市场活力,转变政府职能,完善财政投入和管理方式,提升全社会法制观念和契约意识。

表 4.1　PPP 相关政策梳理

序号	时间	发文单位	名　　称
1	2014 年 9 月 21 日	国务院	《国务院关于加强地方政府性债务管理的意见》(国发〔2014〕43 号)
2	2014 年 9 月 23 日	财政部	《关于推广运用政府和社会资本合作模式有关问题的通知》(财金〔2014〕76 号)
3	2014 年 10 月 23 日	财政部	《地方政府存量债务纳入预算管理清理甄别办法》(财预〔2014〕351 号)
4	2014 年 11 月 26 日	国务院	《关于创新重点领域投融资机制鼓励社会投资的指导意见》(国发〔2014〕60 号)
5	2014 年 11 月 29 日	财政部	《政府和社会资本合作模式操作指南》(财金〔2014〕113 号)
6	2014 年 11 月 30 日	财政部	《关于政府和社会资本合作示范项目实施有关问题的通知》(财金〔2014〕112 号)
7	2014 年 12 月 2 日	发改委	《关于开展政府和社会资本合作的指导意见》(发改投资〔2014〕2724 号)

序号	时间	发文单位	名　称
8	2014 年 12 月 26 日	财政部	《关于开展中央财政支持地下综合管廊试点工作的通知》(财建〔2014〕839 号)
9	2014 年 12 月 30 日	财政部	《关于规范政府和社会资本合作合同管理工作的通知》(财金〔2014〕156 号)
10	2015 年 3 月 4 日	交通部	《交通运输部关于印发全面深化交通运输改革试点方案的通知》(交政研发〔2015〕26 号)
11	2015 年 3 月 10 日	发改委\国家开发银行	《关于推进开发性金融支持政府和社会资本合作有关工作的通知》(发改投资〔2015〕445 号)
12	2015 年 3 月 17 日	发改委\财政部\水利部	《关于鼓励和引导社会资本参与重大水利工程建设运营的实施意见》(发改农经〔2015〕488 号)
13	2015 年 4 月 9 日	财政部\环境保护部	《关于推进水污染防治领域政府和社会资本合作的实施意见》(财建〔2015〕90 号)
14	2015 年 4 月 25 日	发改委\财政部\交通部\住建部\水利部	《基础设施和公用事业特许经营管理办法》(联合令〔2015〕25 号)
15	2015 年 5 月 19 日	国务院办公厅转发财政部、发展改革委和人民银行	《关于在公共服务领域推广政府和社会资本合作模式指导意见的通知》(国办发〔2015〕42 号)

4.2　理论阐释

4.2.1　概念

国内外学者虽然对 PPP 的概念没有统一标准表述,但对其"公私合营模式"的基本内容并无明显异议。在我国,PPP(Public-Private Partnership)多被表述为"政府和社会资本合作模式",是指在基础设施、公共服务领域中,通过 PPP 机制引进民间资本、吸引社会资金参与,使政府与社会资本建立起一种合作关系,利用市场机制合理分配风险,提高公共产品服务的数量、质量、效率。PPP 有广义和狭义之分,广义 PPP 泛指公共部门与私营部门为提供公共产品或服务而建立的各种合作关系,包括外包类、特许经营类和私有化类,BT/BOT/TOT 等也视为广义的 PPP 模式。狭义 PPP 仅指公共部门与私营部门以合资组建公司的形式开展合作,更强调政府的全程参与。PPP 模式一方面可以减轻政府财政压力,另一方面也为民间资本、社会资金提供发展空间,使市场主体在市场体系中能够更好地发挥其优势和创造力。从微观层面看,PPP 是一种融资模式在操作方面的创新,从宏观层面看,PPP 更是一种体制、机制和管理方式的创新和变革。

4.2.2 现有研究成果

西方发达国家的学者对 PPP 模式进行了较为深入的理论研究,主要可以概括为四个方面(叶晓甦、徐春梅,2013):一是从关系型合约理论角度,指出 PPP 建立的是一种不同于交易契约关系的新型合作伙伴关系和联盟;二是从交易成本经济学角度,提出交易成本的作用和关系合约中信任的重要性;三是从产权经济学观点,指出私人部门参与政府提供公共产品的产权是如何起作用的,即何种产权安排导致联合剩余最大;四是从博弈学角度,把 PPP 看作是一种社会博弈,把 PPP 的现象、经验和讨论放到更广的博弈视角的环境中去解释。

随着近两年 PPP 模式的大力推广,我国学者也开始更多地关注此领域,进行大量研究,但由于国内 PPP 推广较晚、实践较少,相关理论研究还处于起步阶段,也未形成相对完整的理论体系。目前的研究主要包括以下几方面:一是对概念和内涵的界定。如贾康、孙洁(2009)认为 PPP 是公共部门与私人部门在基础设施建设中通过正式协议建立起来的一种长期合作伙伴关系。姚鹏程(2011)指出 PPP 是一个基于市场供需条件的公共产品服务的最优投资决策问题。叶晓甦、徐春梅(2013)指出中国的 PPP 概念是指公共部门和私人部门为提供公共产品或服务、实现特定公共项目的公共效益而建立的项目全生命期关系性契约的合作伙伴、融资、建设和经营管理模式。二是对项目管理方面的研究。主要包括风险管理与评价方法以及风险分担方面的研究(叶晓甦、徐春梅,2013)。在风险管理与评价方法研究方面,有的学者提出新的评价模式,如孙成双、王要武(2003)提出动态项目风险管理框架等。有的学者运用各种方法对项目进行评估,如黄旭(2004)构建了基于不同参与方的 BOT 项目风险评价指标体系,同时,在剖析了现行风险评价方法特色和弊端的基础上,运用 AHP、模糊数学等方法建立了一个综合评判的 BOT 项目风险评价模型,通过该模型解决了 BOT 项目风险评价问题,并对多参与方的 BOT 项目风险评价的方法及应用进行了较系统的研究。在风险分担研究方面,刘新平、王守清(2006)分析了影响 PPP 项目风险分配的因素,提出了更为合理的风险分配原则,并设计了相应的风险分配框架,对指导公共部门和私人部门谈判 PPP 项目具有实际指导作用。杜亚灵、尹贻林(2011)认为 PPP 项目的风险分担通常是在若干主体之间通过风险转移的方式进行,主要通过复杂的合同制度安排来实现,同时指出了 PPP 项目风险分担研究存在的三个薄弱环节,即风险分担的过程评价、风险分担比例的确定以及风险分担与其他方面的关联关系。此外,国内学者还在项目治理、政府定位与管理职能等方面进行相关研究。

4.2.3　基本运作模式

PPP 模式有多种具体形式,主要包括招标、融资、运营、回收等多个阶段。基本流程一般为:公共部门通过招标的形式选定资金雄厚、技术先进和管理能力强的专业公司,与其签订特许权协议,共同成立特许经营公司(Special Purpose Vehicle,SPV),并赋予其特许经营权。PPP 项目的直接融资来源于公共部门的资金与私营部门的直接投资,间接融资则主要由 SPV 承担和负责,其来源于主要有贷款、融资租赁,以及其他形式筹集的资金等,两者构成项目总投资,主要运用于项目建设与运营投资中的固定资产、无形资产以及流动资产等。项目建成后,SPV 在特许运营期内拥有经营权,并以商业、广告收入以及其他收入方式回收资金,扣除当期运营成本后形成的运营收益按照合同约定的原则进行分配,包括向金融部门还贷以及向 PPP 主体分配收益;公共部门主要履行过程监管的职责,通过对私营部门服务质量和经营状况的考核,调整对私营部门的分配和补偿政策,当项目收益高于下限时,调整投资人与政府分享的项目超额收益比例。特许运营期结束后项目整体移交给公共部门(见图 4.1)。

4.2.4　关键要素

PPP 模式的运行关键在于:以公共部门与私营部门的合作为前提,以提供公共基础设施建设的产品或服务为目的,以利益共享为基础,以风险共担为责任(施颖、刘佳,2015)。

第一,伙伴关系的熟悉和信任程度。伙伴关系的建立是 PPP 项目的基础和

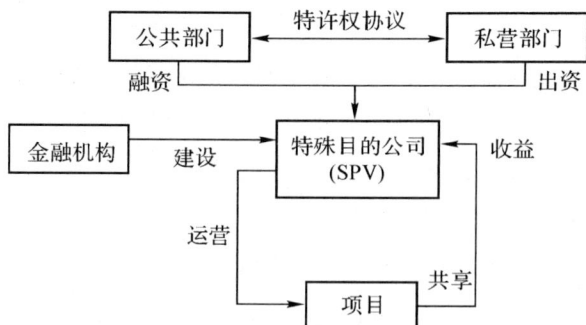

图 4.1 PPP 项目运营的一种形式

（资料来源：Wind 资讯，民生证券研究院）

前提，也是区别于其他项目融资模式的关键点。常有业内人士把 PPP 比作是一场政府和社会资本合作的婚姻，只有合作双方相互熟悉、相互认可、相互信任，才能达成婚姻契约。PPP 正是强调参与双方平等协商的关系和机制，必须遵从法治环境下的"契约"精神，建立具有法律意义上的契约关系，为了共同的目的共同努力。政府与市场主体以平等民事主体的身份协商订立法律协议，双方的履约责任和权益是平等的，受到法律、法规确认和保护的。

第二，利益共享机制的完善。优势互补、利益共享是 PPP 模式的根本。但在 PPP 模式中存在一个天然矛盾，即政府部门希望引入社会资本提供纯公益性的公共产品和服务，社会资本参与政府项目希望能够从中获得依赖于政府背书的特殊利益。但一般公共产品和服务难以产生可观效益，更是一个需要长期投资的过程。利益共享机制的合理设计和确立，既要维护政府和公众利益，避免项目运营中可能出现的风险和问题，又要充分尊重和考虑社会资本"逐利"的事实，充分调动社会资本参与的积极性，提高投资和运行效率，确保产品和服务质量。

第三，风险共担责任的明确。政府与社会资本坚持平等协商的原则，规范定约，严格履约，双方共同承担相应的项目建设、项目运营等中遇到的各种风险，如市场风险、自然风险等，但政府不承担项目建设运营的兜底责任。社会资本不能把市场风险转嫁给政府，政府也需要承担一定的风险，对项目进行监管。政府对 PPP 项目实施全生命周期监管，定期组织绩效评价，评价结果作为定价调价的重要依据，保证公共利益最大化。

4.2.5　适用领域

在国务院办公厅转发财政部、发改委、人民银行《关于在公共服务领域推广政府和社会资本合作模式指导意见的通知》(国办发〔2015〕42 号)中明确指出,围绕增加公共产品和公共服务供给,在能源、交通运输、水利、环境保护、农业、林业、科技、保障性安居工程、医疗、卫生、养老、教育、文化等公共服务领域,广泛采用政府和社会资本合作模式。国家发展改革委建立的 PPP 项目库,入库项目主要涉及水利设施、交通设施、市政设施、公共服务、生态环境等几个领域。从目前来看,排水、供暖、供气等能够通过收费来保障投资者合理回报的项目,社会资本参与较多,积极性较高,成功率也高;垃圾处理、污水处理、水环境治理等可以通过部分政府付费解决投资回报问题的,社会资本也较为关注,但在其他一些投资数额大、时间长、收益率不足等领域的项目,成功率较低,难以吸引社会资本进入。

4.3　国内外发展现状

4.3.1　国际 PPP 模式发展历程概览

早在 17 世纪,英国领港公会和私人投资者合作建造灯塔,开始了公共项目公私合作的实践,公私伙伴关系的概念就这样率先在英国出现。20 世纪 70 年代,英美国家为解决经济萧条情况下财政资金不足的问题,积极引入私人部门参与公共项目建设运营,同时将 PPP 模式运用与公共政策领域。20 世纪 80 年代中期,中等发达国家出现债务危机,为刺激经济进一步发展,土耳其首先出现了 BOT 模式,然后被其他发展中国家效仿。我国香港地区商人也把这个概念带入到中国内地。20 世纪 90 年代以来,PPP 在越来越多的国家(或地区)中得到运用。特别是发展中国家,由于财力有限,难以独自承担大规模的基础设施建设,为缓解政府的财政压力,纷纷在基础设施领域引入私人资本,通过 PPP 模式来发展基础设施项目。根据世界银行统计,在 1990—2012 年间,150 个发展中国家共发展了 5783 项基础设施 PPP 项目(张水波、郑晓丹,2015)。作为 PPP 项目运作成熟的国家,美国、英国和澳大利亚等国家已将该种模式运用在体育场馆、医院、养老院和监狱等公共基础设施领域。但需要注意的一点是,尽管PPP模式的重要性不断提升,但其占公共投资的比重仍然较小。

英国作为最早尝试PPP模式的国家,经历了私有化、立约承包、鼓励私人投资行动①(Private Finance Initiative,PFI)三个阶段。20世纪90年代中期,诸多原因影响了项目的顺利进行,使项目陷入经济困境,导致PFI的发展受到阻碍。为此,英国政府采取了促进公私合营模式、鼓励私人投资行动发展的相关措施,主要包括:一是成立促进PPP的政策工作小组。英国政府成立了财政部特别工作小组,该小组在PPP的标准化、出台指导方针等方面做了很多重要工作;二是消除了实施PPP的法律障碍,政府在一些领域制定或修订了法律,以实现公私伙伴关系与原有法律框架的兼容。三是采取并建立更加灵活的公私伙伴关系模式;四是确定了项目重点和优先顺序,把资源和精力用于成功性较大的项目上。目前为止,英国仍是开展PPP项目数量最多的国家。

4.3.2 国内发展现状

(一)全国推广情况

PPP在我国并非全新事物。早在20世纪80年代,我国就首次引入PPP模式建设项目,深圳沙角B电厂项目被视为我国成功实施BOT项目的第一例。纵观PPP在我国的发展历程,可以归纳为探索阶段(1984—1993年)、小规模试点阶段(1994—2002年)、推广试点阶段(2003—2008年)、短暂停滞阶段(2009—2012年)和新一轮推广阶段(2013年至今)等五个阶段②(黄静雯、刘小平,2015)。受国际金融危机的影响,我国PPP模式曾一度停滞。但自十八大以来,在国务院、财政部、发改委齐力推动下,PPP相关政策密集出台,日益推进PPP模式规范化、大规模发展。至此,国内PPP的发展开启新篇章,进入新一轮推广阶段。重庆、江苏、安徽等省市纷纷率先实行PPP模式。重庆和江苏等地的PPP试点项目均把PPP模式作为"新型城镇化建设投融资渠道",各地政府出台政策,搭建平台,开展培训,大力推动PPP模式在当地的尽快落户。财政部近两年来已审批了223个PPP示范项目,总投资逾8000亿元。2014年以

① PFI是英国PPP最典型的形式,因而很多人将PFI视作PPP的代名词(巴曙松、杨现领:《新型城镇化融资与金融改革》,中国工人出版社2014年版)。

② http://bond.jrj.com.cn/2015/03/18122418980765.shtml

中国海洋金融问题研究——以浙江舟山群岛新区为例

来,从中央到地方大量推出 PPP 试点项目。截至 2015 年 3 月 16 日,财政部推出 30 个 PPP 试点项目(含存量和新建项目),涉及天津市、河北省、辽宁省、吉林省、上海市、江苏省、浙江省、安徽省、福建省、江西省、青岛市、湖南省、重庆市、贵州省、陕西省等 15 省市,总投资规模约 1800 亿元。安徽省、福建省、贵州省、湖南省、江苏省、四川省、河南省、浙江省、江西省、甘肃省、吉林省、陕西省、黑龙江省均公布了 PPP 试点项目清单,其中前九省市 PPP 试点项目总投资分别为 709.53 亿元、1478.60 亿元、188.00 亿元、583.22 亿元、929.84 亿元、2534.25 亿元、806.70 亿元、1176.10 亿元和 1065.17 亿元;重庆市和青海省也推介了 PPP 项目,投资金额分别是 1018 亿元和 1025 亿元,上述省市 PPP 项目投资规模已超万亿元。这些试点项目涉及交通、污水处理、供水、供暖、供气、供热、垃圾处理、环境综合整治、地下综合管廊、教育、医疗养老、文化体育、保障房、园区开发等多个领域①。

在当今推广 PPP 模式的浪潮中,政府各相关部门不仅政策支持力度大,还拿出真金白银给予资金支持。2015 年 9 月,财政部 PPP 融资支持基金正式启动,规模为 1000 亿元,同时,2 亿美元(折合 12 亿元人民币)的 PPP 项目前期开发费用贷款已经落户财政部 PPP 中心,对于政府债务中的存量项目转为 PPP 项目的财政部或将给予 2% 财政补贴。在此之前,各地政府已经先行启动地方 PPP 融资支持引导基金,河南省 50 亿元,山东省 800 亿元,江苏省规模也达到 100 亿元,政府的注资比例都在基金规模的 1/10,基本可以实现 10 倍的杠杆效果(李奇霖、李云霏,2015)②。

(二)浙江省推广情况

浙江省高度重视 PPP 模式的推广。2014 年,浙江省发改委浙江省财政厅也出台了《关于进一步加强浙江省政府性投资项目融资建设管理指导意见》(浙发改法规〔2014〕570 号),进一步提出"积极鼓励运用 PPP 等股权性融资建设模式,加快公用基础设施等政府性投资项目建设",全省各地纷纷开始探索 PPP 建设模式。丽水市在全省率先启动了 PPP 模式的探索,制定出台了《丽水市关于促进社会资本进入公共设施建设领域的实施意见》,建立工作体系,下达试点计划,完善服务保障,取得了积极进展,在全省发挥了引领示范作用。

---

① http://huanbao.bjx.com.cn/news/20150323/600505-4.shtml.
② PPP 需要做哪些改变才能吸引社会资本.奇霖金融研究.2015-9-17.(微信号:pucca0117)

(三)舟山市推广情况

近几年,舟山市在引入社会资本参与提供公共产品和服务方面也进行了有益探索。采取 BT(建设—移交)、BOT(建设—经营—转让)等形式参与城市基础设施建设和交通建设领域。目前,舟山市有 7 个项目列入浙江省 2015 政府与社会资本合作项目第一批,拟引入社会资本共计 158.59 亿元。

4.4　对 PPP 模式的 SWOT 分析

4.4.1　优势分析

首先,PPP 不仅是一种单纯的融资方式,它更是一整套打包引入的综合管理模式。在引入社会资本方资金的同时,更重要的是引入了市场化高效的理念、管理、设计、建设、运营和风险防范等综合性全方位的管理模式,有助于提高投资效率,提升公共产品和服务的质量。其次,PPP 模式有助于优化地方政府债务治理,缓解债务增量,消化部分存量。与地方政府直接提供公共产品与服务相比,PPP 模式是以社会资本方的名义融资,债务不再由政府部门来承担。最后,PPP 模式有助于分担政府风险,降低融资难度。与 BOT 等模式不同,PPP 模式中政府与社会资本方的地位不同,政府不再是凌驾于私人部门之上的管理者的身份,而是与社会资本方平等协作的合作伙伴关系,风险和收益共同承担。以社会资本方为主体去融资,融资难度低于政府直接融资,融资方式也更多元化。

4.4.2　劣势分析

一是 PPP 模式的长期性和复杂性。由 PPP 模式本身性质所致,从项目前期遴选准备、寻找合作伙伴、合作协议签订、项目正式实施等是一个相当长期和复杂的过程,需要合作双方不断协商、磨合,各方利益均衡,才能达成一致。其中还涉及各种不确定因素的突发事件。PPP 模式对政府的能力提出更高要求,也为政府工作增加了一定的难度,同时在项目中也需承担一定的风险。

二是项目对社会资本的吸引力有限。PPP 模式主要是为了帮助政府提供具有公益性质的公共产品和服务,但这些项目往往都不具备较强的收益性,对社会资本的吸引力不够强,社会资本参与 PPP 项目的积极性也不够高。这也是由于一些地方政府还有顾虑,不愿把优质项目推出去与社会资本分享,造成一些社会资本方对 PPP 模式兴趣不大。

4.4.3　机会分析

一是政策支持力度空前。此届中央政府高度重视推广 PPP 模式,将"发挥财政资金撬动功能,创新融资方式,带动更多社会资本参与投资。创新公共基础设施投融资体制,推广政府和社会资本合作模式"明确写入《十三五规划建议》,从国家全局进行顶层设计。PPP 模式可谓是在新常态下稳增长、促改革、调结构、惠民生、防风险的一个抓手,是推进新型城镇化、深化财税体制改革、转变政府职能、化解地方政府债务的必然需求。发改委和财政部两大核心部门加大力度在全国推广 PPP 模式,多次下发政策文件,给予政策和资金支持,开辟PPP 项目专栏,建立项目库,树立典型案例,开展培训教育,带动全国掀起推广PPP 模式的热潮。地方政府高度关注 PPP 模式,纷纷进行学习和研究,开展试点。全国从上到下营造了推广 PPP 模式的良好政治氛围。

二是发展空间巨大。根据国务院研究发展中心的测算,到 2020 年,与城镇化相关的融资需求约为 42 万亿元。2015 年发改委公布以 PPP 模式开发的存量市政项目仅有 1.97 万亿元,融资需求巨大。根据 43 号文和《地方政府存量债务纳入预算管理清理甄别办法》的规定要求,未来地方政府性债务主要由一般政府债、专项政府债和 PPP 债构成,PPP 模式被委以了重任。43 号文出台前后,34 省市区地方政府推出了总额约 1.6 万亿元的 PPP 项目,截至 2015 年 1季度末,真正签约的大约为 2100 亿元,仅占总额的 1/8(管清友,2014)。[①] 根据世界银行数据,截至 2013 年,我国 PPP 累计投资规模约为 1278 亿美元,与巴西(2707 亿美元)、印度(3274 亿美元)等发展中国家相比有巨大空间。因此,在未来城镇化建设的进程中,PPP 融资模式将大有可为。

4.4.4　威胁分析

从当前的情况看,PPP 模式成功率较低,真正落地较难,有些雷声大雨点小

---

① "PPP 模式"的五大关键问题,管清友,http://www. chinareform. org. cn/gov/governance/Report/201411/t20141105_210979. htm

的意味。正是由于 PPP 在实践过程中有许多不足之处，阻碍了 PPP 模式的顺利推广。

一是法律法规保障体系不健全。目前，我国国家层面尚未出台专门针对 PPP 项目的法律法规，现有的法律法规层级较低，权威性和统一性不够。另一方面，随着有些法律法规的修订和完善等，对原有项目失去了保护性，导致原有项目合法性、合同有效性发生变化，影响了正在进行的 PPP 项目的继续建设和运营，甚至直接导致项目失败和终止。

二是工作管理机制不完善。目前我国尚未确定专职的管理机构来统一管理负责 PPP 项目的审批、监管、咨询和培训等工作。目前的管理分散在多个部门，部门之间较难协调，造成审批决策周期长、程序繁琐、成本高、效率低下等问题。此外，还缺乏风险分担机制、严谨的评价体系和退出机制等。

三是政府观念有待进一步转变。目前，各地政府对 PPP 模式的认识和重视程度尚不一致，推动的积极性各有差别。有的政府未能转变原有观念，没能意识到 PPP 模式与旧融资模式的不同之处，很多项目有财政补贴，名义上虽然采用了 PPP 模式，但在许多项目中政府负责"兜底"，实质上是由政府承担了最终的风险(贾康、孙洁，2014)。在推出 PPP 项目时，好项目不愿分享，难以吸引社会资本方的兴趣，造成 PPP 模式推广难。

四是政府信用风险较高。地方政府在与社会资本合作过程中，往往做不到公平平等，在合同签订、履行合同义务等方面，会出现一些脱离实际，出尔反尔的现象，损害社会资本方的利益。此外，PPP 项目都是几年甚至十几年、几十年的长期项目，政府领导层的频繁变更，政策是否具有连续性和延续性等问题，也是社会资本方的顾虑之一。有学者提出，政府信用风险是 PPP 模式各风险中最主要的风险。主要源于某些地方政府官员为了提升政绩，在短期利益的驱使下，通过过高的固定投资回报率，过高的收费标准，过长的特许经营期以吸引民营资本，但最终又因公共机构缺乏承受能力，产生信用风险(管清友，2014)[①]。

除此之外，中介机构存在垄断，经营不规范；融资渠道狭窄；退出机制不健全等问题也是阻碍当前 PPP 模式进一步推广的外部威胁。

中国海洋金融问题研究——以浙江舟山群岛新区为例

---

① "PPP 模式"的五大关键问题，管清友，http://www.chinareform.org.cn/gov/governance/Report/201411/t20141105_210979.htm.

4.5　典型案例分析

2015 年 7 月,为加快推广 PPP 模式,更好地鼓励和引导社会投资,国家发改委发布首批《PPP 项目库专栏》,建立国家发展改革委 PPP 项目库,内容包括水利设施、交通设施、市政设施、公共服务、生态环境等多个领域。作为入围国家发展改革委首批项目库中唯一一个以"新型城镇化"概念为主的"固安工业园区新型城镇化"项目,涉及概念几乎囊括了其他所有类型项目。此项目不仅精准体现出 PPP 作为融资工具的本源意义,更显现出政府推动区域发展模式新逻辑的探索和思维新方式的转变。因此,本书选取此案例进行重点剖析。

4.5.1　项目背景

固安工业园区地处河北省廊坊市固安县,园区总面积 34.68 平方千米,是经国家公告(2006 年)的省级工业园区。2002 年固安县政府决定采用市场机制引入战略合作者,投资、开发、建设、运营固安工业园区。同年 6 月,通过公开竞标,固安县人民政府与华夏幸福基业股份有限公司(简称"华夏幸福公司")签订协议,正式确立了政府和社会资本 PPP 合作模式。按照工业园区建设和新型城镇化的总体要求,采取"政府主导、企业运作、合作共赢"的市场化运作方式,倾力打造"产业高度聚集、城市功能完善、生态环境优美"的产业新城。

4.5.2　建设内容与规模

固安工业园区 PPP 新型城镇化项目,是固安县政府采购华夏幸福公司在产业新城内提供设计、投资、建设、运营一体化服务。一是土地整理服务。配合以政府有关部门为主体进行的集体土地征转以及形成建设用地的相关工作。2008—2013 年,华夏幸福公司累计完成土地整理 29047.6 亩,累计投资 103.8 亿元。二是基础设施建设。包括道路、供水、供电、供暖、排水设施等基础设施投资建设,截至 2014 年已完成全长 170 千米新城路网、4 座供水厂、3 座热源厂、6 座变电站、1 座污水处理厂等相关配套设施建设。三是公共设施建设及运营服务。包括公园、绿地、广场、规划展馆、教育、医疗、文体等公益设施建设,并负责相关市政设施运营维护。园区内已经建成中央公园、大湖公园、400 亩公园、带状公园等大型景观公园 4 处,总投资额为 2.54 亿元。四是产业发展服务。包括招商引资、企业服务等。截至 2014 年底,固安工业园区累计引进签约项目 482 家,投资额达 638.19 亿元,形成了航空航天、生物医药、电子信息、汽车零部件、高端装备制造等五大产业集群。五是规划咨询服务。包括开发区域的概念规划、空间规划、产业规划及控制性详规编制等规划咨询服务,规划文件报政府审批后实施①。

4.5.3　运作模式及基本特征

固安工业园区在方案设计上,充分融入平等、契约、诚信、共赢等公私合作理念。其基本特征是:

一是政企合作。固安县政府与华夏幸福公司签订排他性的特许经营协议,设立三浦威特园区建设发展有限公司(简称三浦威特)作为双方合作的项目公司(SPV),华夏幸福公司向项目公司投入注册资本金与项目开发资金。项目公司作为投资及开发主体,负责固安工业园区的设计、投资、建设、运营、维护一体化市场运作,着力打造区域品牌;固安工业园区管委会履行政府职能,负责决策重大事项、制定规范标准、提供政策支持,以及基础设施及公共服务价格和质量的监管等,以保证公共利益最大化。

二是特许经营。通过特许协议,固安县政府将特许经营权授予三浦威特,双方形成了长期稳定的合作关系。三浦威特作为华夏幸福公司的全资公司,负责固安工业园区的项目融资,并通过资本市场运作等方式筹集、垫付初期投入资金。此外,三浦威特与多家金融机构建立融资协调机制,进一步拓宽了融资渠道。

三是提供公共产品和服务。基于政府的特许经营权,华夏幸福公司为固安工业园区投资、建设、开发、运营提供一揽子公共产品和服务,包括土地整理、基础设施建设、公共设施建设、产业发展服务,以及咨询、运营服务等。截至 2014年华夏幸福公司在固安工业园区内累计投资超过 160 亿元,其中,基础设施和公共服务设施投资占到近 40%②。

四是收益回报机制。双方合作的收益回报模式是使用者付费和政府付费

---

① 国家发改委网站。
② 国家发改委网站。

相结合。固安县政府对华夏幸福公司的基础设施建设和土地开发投资按成本加成方式给予 110% 补偿；对于提供的外包服务，按约定比例支付相应费用。两项费用作为企业回报，上限不高于园区财政收入增量的企业分享部分。若财政收入不增加，则企业无利润回报，不形成政府债务。

五是风险分担机制。社会资本利润回报以固安工业园区增量财政收入为基础，县政府不承担债务和经营风险。华夏幸福公司通过市场化融资，以固安工业园区整体经营效果回收成本，获取企业盈利，同时承担政策、经营和债务等风险。

4.5.4 主要创新点

固安工业园区新型城镇化 PPP 模式属于在基础设施和公用设施建设基础上的整体式外包合作方式，形成了"产城融合"的整体开发建设机制，提供了工业园区开发建设和区域经济发展的综合解决方案。

一是整体式外包。在政企双方合作过程中，固安县政府实际上是购买了华夏幸福公司提供的一揽子建设和外包服务。这种操作模式避免了因投资主体众多而增加的投资、建设、运营成本，而且减少了分散投资的违约风险，形成规模经济效应和委托代理避险效应。

二是"产城融合"整体开发机制。在"产城融合"整体开发机制下，政府和社会资本有效地构建了互信平台，从"一事一议"变为以 PPP 机制为核心的协商制度，减少了操作成本，提高了城市建设与公共服务的质量和效率。

三是工业园区和区域经济发展综合解决方案。政企双方坚持以"产业高度聚集、城市功能完善、生态环境优美"作为共同发展目标，以市场化运作机制破解园区建设资金筹措难题、以专业化招商破解区域经济发展难题、以构建全链条创新生态体系破解开发区转型升级难题，使兼备产业基地和城市功能的工业园区成为新型城镇化的重要载体和平台。

4.5.5 实施效果

经过十多年的建设，固安工业园区有效促进了当地经济社会发展。从 2002 年合作至今，固安工业园区已成为全省发展速度最快的省级开发区，2014 年完成固定资产投资 149.6 亿元，实现工业总产值 224.5 亿元，完成财政收入 23.3 亿元。受益于固安工业园区新型城镇化，固安县从一个经济发展水平相对落后的县,成为各项指标在全省领先的县。政企合作十多年,固安县人均 GDP 增长了 4 倍,财政收入增长了 24 倍[①],构建了中等城市框架和服务配套设施,明显提升民生保障水平。在中国社会科学院发布的国内首份《中国县域经济发展报告(2015)》中,固安凭借突出的创新能力,在"中国县域经济创新力 50 强"榜单中排在第三位,同时位列"全国县域经济发展潜力百强县"的第十位,成功跻身"全国县域经济竞争力百强县"。

4.5.6 借鉴意义

一是采用区域整体开发模式,实现公益性与经营性项目的统筹平衡。传统的单一 PPP 项目,对于一些没有收益或收益较低的项目,社会资本参与意愿不强,项目建设主要依靠政府投入。固安工业园区新型城镇化采用综合开发模式,对整个区域进行整体规划,统筹考虑基础设施和公共服务设施建设,统筹建设民生项目、商业项目和产业项目,既防止纯公益项目不被社会资本问津,也克服了盈利项目被社会资本过度追逐的弊端,从而推动区域经济社会实现可持续发展。

二是选择实力强大的专业团队建设运营园区,实现产城融合发展。为提高固安工业园区核心竞争力,固安县政府通过让专业的人做专业的事,华夏幸福公司配备专业团队,政府和社会资本构建起平等、契约、诚信、共赢的机制,保证了园区建设运营的良性运转。固安县政府在推进新型城镇化的同时,统筹考虑城乡结合问题,加快新农村建设,进行产业链优化配置,实现了产城融合发展。

三是政府与社会资本各司其职,建立了良好的合作伙伴关系。固安县政府在社会资本方选择方面,花费大量时间成本,精挑细选,深入调研,反复对比,最终选择综合实力强大、信用良好的华夏幸福公司,在十几年的合作中始终保持良好健康的伙伴关系。华夏幸福公司作为一家综合性房地产公司,也参与固安工业园区的建设发展中积极转型,熨平了行业波动对企业造成的负面影响,为企业自身发展寻求了新的机遇。

中国海洋金融问题研究——以浙江舟山群岛新区为例

---

① 国家发改委网站。

4.6   PPP 模式在舟山发展的建议

截至目前,PPP 模式在舟山已经开始了尝试性探索,开启了 PPP 模式在舟山生根发芽的良好开端。为 PPP 模式发展在舟山长效机制的建立,还需在以下几方面进一步加强完善。

第一,转变观念,高度重视。要充分认识到 PPP 模式在今后相当长的一段时间内将是政府融资的一种重要手段,转变原有政府融资模式观念,加强培训和学习,深入走访和调研,了解 PPP 模式的真正内涵,掌握 PPP 模式运作的实质精髓,结合舟山市海洋经济发展特点,积极探索 PPP 模式在舟山市的推广运用。

第二,出台政策,完善机制。学习丽水等地市经验,尽快出台专门政策推动舟山市开展 PPP 模式,从财政、税收等方面进行支持。设立财政专用支持基金,起到杠杆撬动作用。建立和理顺工作机制,确定牵头单位,专门设立 PPP 模式专营管理部门或机构,专职从事市内 PPP 项目的审批、监管、咨询、培训等方面,提高审批效率,尽可能减少部门间协调成本。

第三,加强宣传,以诚相待。政府要积极搭建推介平台,通过新闻媒体、实地推介等多种形式,在招标立项阶段加大宣传力度,并且建立项目库并进行公开,切实吸引感兴趣的社会资本方介入。增强政府守信意识,在与社会资本合作中必须讲信用。对推出的项目要仔细甄别,项目信息和内容要真实可靠,对信息做到完全披露;要舍得把好项目推出去与社会资本分享,可以创新项目内容,把公益性和盈利性项目组合打包,更加吸引社会资本的关注。力争获得政府信用评价体系建立试点资格,打消社会资本对政府信用风险的担忧和顾虑。

第四,仔细甄别,重视监管。对引入的社会资本方,不仅是资金投资方,更是战略投资者,在选择时坚持"专业人做专业事"的原则,必须长期深入考察,反复磋商,慎重决定,从资金、管理、团队、专业、有无成功经验等多方面综合考评。不仅如此,政府要对项目全程进行监控管理,设立相应的约束和监管机制,防止国有资产流失和社会资本寻租套利等现象发生,确定合理的收益上下限,不能搞利益输送,建议双赢的利益分配机制。

第五,营造氛围,开拓创新。努力营造大力推动 PPP 模式的良好氛围,带动相关部门投身于 PPP 模式推广的热潮中。调动广大领导干部的积极性,对有兴趣从事 PPP 模式工作的干部同志加大培训和培养力度,使之成为专职人员,同时面向全国招聘引进专业人才,加强领导干部推广 PPP 模式的队伍力量和提升业务能力。针对海洋经济的特点,在打包立项、收益模式、融资渠道、退出机制等方面创新思维,使更多社会资本积极主动参与到 PPP 项目中去。

参考文献

孙成双,王要武.建设项目动态风险分析方法研究[J].土木工程学报,2003(3).

贾康,孙洁.公私伙伴关系(PPP)的概念、起源、特征与功能[J].财政研究,2009(10):2—10.

贾康,孙洁.公私合作伙伴关系理论与实践[M].经济科学出版社,2014.

刘新平,王守清.试论 PPP 项目的风险分配原则和框架[J].建筑经济,2006(2):59—63.

黄旭.BOT 项目风险评价体系研究[D].大连理工大学硕士学位论文,2004.

李命志.依法规范地方政府举债,提升国家治理能力[J].国家行政学院学报,2015(4):48—51.

张水波,郑晓丹.经济发展和 PPP 制度对发展中国家基础设施 PPP 项目的影响[J].软科学,2015(7):25—29.

叶晓甦,徐春梅.我国公共项目公私合作(PPP)模式研究述评[J].软科学,2013(6):6—9.

姚鹏程,王松江.关于政府和私人合作高速公路项目定价理论的研究综述[J].科技管理研究,2011(09):180—184.

刘薇.PPP 模式理论阐释及其现实例证[J].改革,2015(1):78—89.

杜亚灵,尹贻林.PPP 项目风险分担研究评述[J].建筑经济,2011(4):29—34.

巴曙松,杨现领.新型城镇化融资与金融改革[M].北京:中国工人出版社,2014.

亓霞,柯永建,王守清.基于案例的中国 PPP 项目的主要风险因素分析[J].中国软科学,2009(5):107—113.

施颖,刘佳.基于 PPP 模式的城市基础设施特许经营期决策研究[J].当代经济管理,2015(6):18—23.

Chris Clifron，Colin F Duffield. lmproved PFI/PPP Service Outcomes through the lntegration of Alliance Principles［J］. lnternational ，Journal of Project Management，2006，24（7）：573－586.

Zhang，X. Q. and Mohan M. Kumaraswamy，Procurement Protocols for Public-Private Partnered Projects. Journal of Construction Engineering and Management，2001.

Marcus Ahadzi，Graemebowles，Public-Private Partnership and Contract Negotiations：an empirical study. Construction Management and Economics，2004.

Ronsen，Oddvar Sten. Requirements of Successful Public Private Partnership Projects-Risk Allocanon between the Private and Public Sectors. Seminar Public Private Partnerships（PPP)-Global Experience and Challenges in Russia，Feb 10，2005. Moscow.

课题组成员：胡莹、刘欣

5 "新常态"下舟山直接融资模式浅析

【摘　要】　本章从新区发展直接融资的背景出发,介绍了新区发展直接融资的必要性,对直接融资的概念及分类做了简单的叙述,对新区发展直接融资的现状和存在的问题做了详细的阐述,对新区现有的直接融资方式做了比较详细的分类说明,从而对新区发展直接融资做了一些切实可行的建议。

【关键词】　新区发展;直接融资;融资模式;背景;建议

5.1　新区发展直接融资的背景

　　金融是现代经济的核心,金融发展与经济增长之间相互促进、相互作用。一方面,经济增长决定金融发展,另一方面,金融发展对经济增长发挥着重要的促进作用,起到资金融通和促进资源优化配置的重要功能。

　　在"十三五"规划建议中,提出了加快金融体制改革,提高金融服务实体经济效率。积极培育公开透明、健康发展的资本市场,推进股票和债券发行交易制度改革,提高直接融资比重,降低杠杆率。开发符合创新需求的金融服务,推进高收益债券及股债相结合的融资方式。规范发展互联网金融等。可见,在"新常态"下,直接金融在经济发展中的作用越发突出。在未来的一个五年中,提高直接融资比重已经成为一个国家的战略。如何利用直接金融促进地方经济发展、如何保障地区经济发展所需资金,已经成为稳定和促进地方经济发展的重要工作。

　　2011年,国务院正式批准设立了浙江舟山群岛新区,这是国务院批准的我国首个以海洋经济为主题的国家战略层面新区。经过4年的发展,新区建设进入了关键之年,新区的重点工程已经全面推开、重大平台建设取得突破,截止到

2015 年年底,按照计划,各类固定资产投资要累计达到 3000 亿元以上①,需要大量的资金投入。而目前新区每年通过银行等间接融资能够获得的增量资金也就仅仅 100 亿元以内,通过银行的间接融资占到全市融资总量的近 95%。新区的银行业存贷比也已经达到了 80% 以上②,继续通过银行融资的能力受到了很大的限制,新区建设资金缺口巨大,股权融资等直接融资比例过低,过度依赖银行融资,而且总量上也远落后杭州、宁波等地,在全省 11 家地市中亦排名靠后,与国家级海洋新区的地位不相称。

目前,新区的直接融资仅 5% 左右,整个浙江省的直接融资占比达到 25% 左右。相比而言,新区的直接融资比例严重偏低,提升的空间很大。新区的直接融资偏低,一方面是新区的企业融资严重依赖银行贷款,给新区整个的银行体系造成很大压力,另一方面也大大增加了新区企业的财务成本。银行贷款,成本高,周期短,受国家信贷政策影响大。因此新区的企业需要调整融资结构,拓宽融资渠道,对接多层次资本市场是一个必要的、可行的融资渠道。"新常态"下,新区需要利用直接融资满足新区建设、发展的需要,促进新区经济、产业的转型升级。如何优化新区融资结构,提高直接融资比例,保障新区建设,是目前新区建设中面临的一个重大课题。探讨适合新区的直接融资模式,能够优化新区融资结构,为新区提供资金保障。

5.2 基本概念和种类

直接融资是与间接融资相对应的一种融资方式,是指借贷双方直接进行资金融通,没有金融中介机构介入的资金融通方式,资金供求双方通过一定的金融工具直接形成债权债务关系。在这种融资方式下,在一定时期内,资金盈余单位通过直接与资金需求单位协议,或在金融市场上购买资金需求单位所发行的有价证券,将货币资金提供给需求单位使用(投融界,2011)。

直接融资主要分为股权融资和债权融资。所谓股权融资是指企业的股东愿意让出部分企业所有权,通过企业增资的方式引进新的股东的融资方式。股

---

① 数据来自浙江舟山群岛新区建设三年行动计划。
② 数据来自中国人民银行舟山市中心支行。

权融资所获得的资金,企业无须还本付息。股权融资的特点决定了其用途的广泛性,既可以充实企业的营运资金,也可以用于企业的投资活动(苏欣,2014);债权融资是指企业通过借钱的方式进行融资,债权融资所获得的资金,企业首先要承担资金的利息,另外在借款到期后要向债权人偿还资金的本金。债权融资的特点决定了其用途主要是解决企业营运资金短缺的问题,而不是用于资本项下的开支(黄海,2002)。

目前,股权融资主要是通过企业上市上柜,发行股票获得资金,包括主板、中小板、创业板、新三板以及各个地方的股权交易中心;通过股权投资基金获得资金,包括各类天使、创业、产业基金等股权基金,以及现在出现的PPP融资、股权众筹等互联网融资方式。债权融资方式主要包括三类:一类是发改委审批的债券,包括企业债(包括专项债券)、小微企业扶持债;银行间交易商协会注册、审批的债券,包括各类短期融资券、中期票据、集合票据、超短期融资券、永续债等金融工具;证监会审批的债券包括新公司债、中小企业私募债、专项资产管理计划。此外融资租赁、资产证券化等也是常用的直接债务融资工具。鉴于直接债务融资工具种类多,管理部门分散,在文中我们只针对重点的几个债务融资工具进行阐述。

5.3 新区直接融资发展现状和存在的问题

5.3.1 新区直接融资发展现状

截至2015年9月末,全市累计实现直接融资158.07亿元,直接融资余额156.84亿元,比年初新增39.47亿元,同比多增5.40亿元,余额同比增长68.0%。一是舟山港IPO过会。7月1日,舟山港正式通过发审会审核。二是债券发行工作有新突破①。全市共发行各类债券21只。2015年,舟山市舟山港集团发行了全国首单非上市公司公司债,总额为人民币7亿元,票面利率4.48%,创下当时债券市场AA+债券最低利率;浙江海洋租赁公司发行了浙江省首单租赁资产证券化项目,总计发行规模为5.47亿元,其中优先A级证券发

---

① 数据来自舟山市金融办统计

行规模为 4.17 亿元,优先 B 级证券为 1 亿元①,可谓舟山市在直接融资新模式探索中的重要创新。此外,舟山市海投公司于 5 月成功发行了 6 亿元的短期融资券,期限 1 年,利率 3.99%,以及 11 亿元中期票据,期限 5 年,利率 5.1%。舟山交投公司 9 月成功注册 25 亿元超短融,并成功发行 10 亿元,利率为 3.67%,期限 9 个月②。三是企业新三板挂牌实现零的突破。舟山市岱山县环球渔场股份有限公司已于 7 月在新三板成功挂牌,并在挂牌的同时通过定向增发实现融资 500 万元。此外,舟山区域内已正式启动有意向的挂牌企业有 30 余家。四是整合推进各类股权基金。2015 年,新区整合了目前已在运行的市科创基金和海洋创投等基金和其他财政资金,成立了总规模 50 亿元,首期出资 10 亿元的浙江舟山群岛新区财金投资基金。

5.3.2　新区直接融资存在的问题

一是直接融资总量和占比均较低。2015 年 9 月末新区金融总量余额 2810.10 亿元,累计实现直接融资 158.07 亿元,直接融资仅占 5.32%③,直接融资占全部融资的比例过低,新区融资过度依赖银行融资,而且直接融资绝对总量也低,远落后于杭州、宁波等地,在全省 11 家地市中亦排名靠后,与国家级海洋新区的地位极不相称。

二是直接融资中股权融资占比更低。近几年舟山市的直接融资基本上全部是通过债券等直接债务融资工具取得的融资,股权融资仅有少量的股权投资资金,通过资本市场上市上柜的没有,股权融资极度缺乏和落后。

浙江绍兴的诸暨和柯桥,2015 年直接融资分别达到 200 亿和 130 亿元,舟山的直接融资不足 40 亿元,因此与舟山市规模接近的县市相比,舟山市的直接融资差距也还非常大,更不用说和浙江其他地级市相比了。

三是股权投资基金主要是政府建立的各类引导类基金,社会资本为主的股权基金很少。目前新区整合目前已在运行的市科创基金和海洋创投等基金和其他财政资金成立了浙江舟山群岛新区财金投资基金成立。由民间资本发起成立并注册在新区运行的股权类基金很少。

四是金融意识不足,金融人才缺乏。新区金融机构、企业对金融认识不足,

---

① 数据来自舟山港务集团有限公司。
② 数据来自舟山海洋综合开发投资有限公司。
③ 数据来自中国人民银行舟山市中心支行。

缺少懂金融的专业人才,金融氛围总体不浓。在推进企业上市、发债的过程中,企业界对金融了解普遍存在偏差,金融机构也缺乏创新观念,金融创新人才少,在跟踪和运用金融市场工具方面反应滞后。

五是新区金融机构类型单一,缺少非银行金融机构。舟山市金融机构主要以银行分支机构为主,法人金融机构少且弱,尤其缺少有实力的非银行金融机构,使得新区金融服务缺乏多样化,非银行金融业务发展滞后,对新区发展没有形成应有的贡献。

六是新区经济结构亟需转型升级。目前,新区还是以海运、修造船、港口物流等传统行业为支柱产业,而这些行业的发展目前还只是在一个很低的平台上发展、运行,产业的亮点没有充分发挥出来。此外,舟山市的新兴产业的发展,如互联网、电子信息、海洋生物制药、海洋工程、文化创意产业等国家鼓励的产业,受制于地域的限制,对技术、资金、人才的吸引力有限,其发展有很大困难。因此,新区能够符合直接融资标准的公司不多,最终能够到资本市场上融资成功的企业就更少了。

5.4 新区直接融资模式分析

5.4.1 推动新区发展多层次资本市场股权融资

我国资本市场从 1990 年沪、深两个交易所成立至今,已经形成了主板、中小板、创业板、新三板以及地方股权交易中心为主的多层次,比较完善的资本市场体系,能够满足大、中、小型企业不同的融资需求。新区可以结合本地企业的不同情况,选择不同的交易市场进行融资。

一是加快企业上市步伐。目前,舟山市仅有一家企业上市,推动符合条件的企业上市,对于新区的建设有巨大的推动作用。

第一,支持优质大型企业主板上市。对于符合主板条件的优质大型企业,行业代表性的公司通过产业整合和重组,建立完善企业制度,通过主板市场融资,做大做强企业,带动上下游企业和产业的发展。比如我们的舟山港、普陀山旅游、浙江兴业集团等。

第二,积极推进中小企业上市工作。舟山市的企业绝大多数是中小企业,推进中小企业的上市,能够完善企业治理结构,促进企业的转型升级。比如森森实业、华业塑机、海山密封等。

第三,做好企业创业板的上市工作。创业板为创新型和高成长性企业提供了融资渠道,能够为企业在其关键时期提供发展资金,使企业快速做大做强。比如黎明发动机、金达机电等。

第四,鼓励企业的并购重组。鼓励和支持上市公司做优做强,通过并购重组方式整合资源,淘汰落后产能,实现企业的转型升级,从而带动行业的进一步发展和提升。比如我们的船舶行业、水产行业、金塘的螺杆行业等。

二是积极推进企业进入新三板挂牌。在"十三五"规划建议中,提出了拓展发展新空间。用发展新空间培育发展新动力,用发展新动力开拓发展新空间。发展天使、创业、产业投资,深化创业板、新三板改革。新三板市场是一个适合中小企业创新、创业发展的一个平台。

截至2015年9月末,全国股转系统共计有挂牌公司3585家,2015年新增挂牌企业2020家;挂牌公司总股本约1893.73亿股,总市值15110.20亿元,平均市盈率42.48倍,累计实现融资746.97亿元,全市场累计成交169.50亿股,成交金额1354.98亿元,其中做市转让方式成交749.18亿元,占比55.29%。新三板公司得到了快速的发展壮大①。

目前,舟山市岱山县环球渔场股份有限公司已于7月在新三板成功挂牌,并在挂牌的同时通过定向增发实现融资500万元。此外,舟山区域内已正式启动或有意向的挂牌企业有30余家。舟山市的达人环保、浙江商旅、中裕仪器等一批有潜力的中小企业正积极地准备。充分利用好这个平台,加强政府引导和政策的支持,做好后备企业的培育工作,对于推进舟山市中小企业的发展将起到巨大的促进作用,对于提高企业的直接融资是一个非常重要的途径。

三是引导企业进入浙江省的股权交易中心挂牌转让。能够上市的企业数量有限,大量的企业很难通过上市获得融资,更多的企业资金的需求可以通过区域股权交易市场来获得融资。区域股权交易中心对于完善资本市场体系是非常重要的一环,一方面能够满足企业多元化的融资需求,通过股权和债权的进行资金的融通;另外也能够通过该平台,实现与国内中小板和新三板等资本市场的对接,将来会有更多的企业通过区域股权交易中心来获得融资,是满足

---

① 数据来自全国股份转让系统建设共享信息表。

地方企业尤其是中小企业资金需求的一个重要途径。目前,舟山市在浙江股权交易中心挂牌企业共计 75 家。舟山市大量的小微企业可以通过这个市场获取直接融资,满足企业发展需要。

5.4.2　推进新区发展直接债券融资

结合新区实际以及各种债券融资工具的发行条件和要求,新区实际应用的债券融资工具包括短期融资券、中期票据、企业债、公司债以及资产证券化。

一是短期融资券。指企业在银行间债券市场发行(即由国内各金融机构购买不向社会发行)和交易并约定在一年期限内还本付息的有价证券。企业可以用来置换贷款、补充流动资金。对企业发行短期融资券实行余额管理,待偿还融资券余额不超过企业净资产的 40%(银行间债券市场非金融企业债务融资工具管理办法,2008)。比较适合规模较大、信用等级在 A＋以上的大型企业。实际中主要以金融机构和大中型的企业为主。

舟山市的舟山海洋综合开发投资有限公司在 2014 发行了第一期短期融资券,发行规模 10 亿元、期限 1 年、利率 4.95%;在 2015 年又发行了 6 亿元的第二期短期融资券,期限 1 年,利率 3.99%①。

二是中期票据。指具有法人资格的非金融企业在银行间债券市场按照计划分期发行的,约定在一定期限还本付息的债务融资工具(银行间债券市场中期票据业务指引,2008)。公司发行中期票据,通常会安排一种灵活的发行机制,透过单一发行计划,可以多次发行期限不同的票据,这样更能切合公司的融资需求。企业可以用这部分资金来置换贷款、补充流动资金、项目建设。全部待偿及有效期内的注册额度不超过净资产 40%,短券和中长期就可不互占。信用等级在 AA－及以上期限基本设定在 1 年以上,3 年 5 年较多。因此,中期票据主要也是以大中型企业为主,在新区主要是一些国有企业和政府的大型融资平台。

舟山市的舟山港股份有限公司 2012 年发行了规模 7.3 亿元,期限 3 年、利率 6.20%的中期票据②;舟山交通投资集团有限公司 2014 年发行了两期,规模分别为 5 亿元,期限 5 年,利率 6.18%以及 6.20%的中期票据③;舟山海洋综合开发投资有限公司 2014 年发行了规模 5 亿元,期限 5 年,利率 5.45%的中期票

中国海洋金融问题研究——以浙江舟山群岛新区为例

---

① 数据来自舟山海洋综合开发投资有限公司。
② 数据来自舟山港股份有限公司。
③ 数据来自舟山交通投资集团有限公司。

据;在 2015 年又发行了规模 11 亿元,期限 5 年,利率 5.10％的中期票据[1],可见舟山市国有企业利用中期票据进行融资的较多。

三是企业债。指(具有法人资格的)企业依照法定程序行、约定在一定期限内还本付息的有价证券。一般在 3～20 年,以 10 年为主(企业债券管理条例,1993)。近期国家发改委对企业债券的审核正向简政放权的方向走,只要募投项目足够好,对主体、地方政府财力的限制都可以放开。不与地方政府债务率和地方财政公共预算收入挂钩。将债券募集资金占项目总投资比例放宽至不超过 70％。担保债项达到 AA＋及以上或用于重点项目建设,不受企业数量指标限制,新推出了地下综合管廊建设、战略性新兴产业、养老产业、城市停车场建设四类专项债券。放开地方政府债务率的限制,是一项重大利好。过去舟山新区因区域财政限制,规模相对较小,城投企业发债相对困难,而现在只要募投项目属于鼓励范畴内、有现金流、可以偿债就可以发。受益于城投企业融资空间的扩大,舟山地区项目建设投资规模也将相应扩大,投资对于新区发展的关键性作用可以得到更好的发挥。该债券主要是国有企业以及国有平台发行。

2011 年舟山市交通投资公司发行了规模 15 亿元,期限 7 年,利率 6.2％的企业债,其中 13 亿元将用于舟山大陆连岛工程西堠门大桥项目、舟山大陆连岛工程金塘大桥项目、舟山金塘岛互通至大浦口疏港公路工程项目、329 国道舟山朱家尖大桥扩建工程项目等道路项目建设。另外 2 亿元用于补充公司营运资金[2]。2014 年舟山市普陀区国有资产投资经营有限公司发行了规模 17 亿元,期限 8 年,利率 7.18％的企业债[3];2014 年舟山市定海区国有资产经营有限公司发行了规模 12 亿元,期限 7 年,利率 7.13％的企业债;2014 年,岱山的蓬莱国有资产投资集团有限公司发行了规模 10 亿元,期限 8 年,利率 6.98％的企业债[4]。

四是公司债。是由企业发行的债券。企业为筹措长期资金而向一般大众举借款项,承诺于指定到期日向债权人无条件支付票面金额,并于固定期间按期依据约定利率支付利息(公司债券发行与交易管理办法,2015)。2015 年 1 月 15 日,证监会发布《公司债券发行与交易管理办法》(以下简称《管理办法》)。

[1] 数据来自舟山海洋综合开发投资有限公司。
[2] 数据来自舟山交通投资集团有限公司。
[3] 数据来自舟山市普陀区国有资产投资经营有限公司。
[4] 数据来自舟山市定海区国有资产经营有限公司。

《管理办法》一方面大规模扩大发行主体,将原来限于境内证券交易所上市公司、发行境外上市外资股的境内股份有限公司、证券公司的发行范围扩大至所有公司制法人;进一步丰富发行方式,即允许公开发行也允许私募发行,而且公开发行中取消保荐制度和发审委制度;而私募发行则采取向中证协备案的方式;交易场所范围进一步扩大,公开发行公司债券的交易场所由上海、深圳证券交易所拓展至全国中小企业股份转让系统。非公开发行公司债券的交易场所由上海、深圳证券交易所拓展至全国中小企业股份转让系统、机构间私募产品报价与服务系统和证券公司柜台。

公司债公开发行要求,股份有限公司的净资产不低于人民币 3000 万元,有限责任公司的净资产不低于人民币 6000 万元;发行后累计债券余额不超过公司净资产的 40%;最近三年平均可分配利润足以支付公司债券一年利息;非公开发行没有上述要求。募集资金用途不与固定资产投资项目挂钩,使用灵活,可用于偿还银行贷款、补充流动资金等。发行采用一次核准,分期发行(储架发行),核准有效期 24 个月,12 个月内须完成首期发行。

舟山市的舟山港集团 2015 年 5 月份发行了全国首单非上市企业获准发行的公司债,采取"小公募"(即面向合格投资者的公开发行)方式,发行规模 7 亿元,期限 5 年,票面利率 4.48%,主要用于补充流动资金。舟山港集团本次发行的公司债,从申报发行材料到正式完成发行,时间周期不超过两个月。舟山市的舟山交通投资集团有限公司也已经完成了公司债的申报工作。

从舟山港集团公司债券发行情况来看,该债种利率明显低于银行融资利率,并具有门槛低、手续简、效率高等优势。为舟山市优质国资公司及民企集团公司降低融资成本提供了一条新路,能够有效提升企业的融资效率。同时,也为舟山市市政类公司拓宽融资渠道、解决政府项目建设资金提供了一个很好的融资方式。

五是资产证券化。是指证券公司、基金管理公司子公司等相关主体开展的,以基础资产所产生的现金流为偿付支持,通过设立特殊目的载体(SPV),采用结构化等方式进行信用增级,在此基础上发行资产支持证券的业务活动(深圳证券交易所资产证券化业务指引,2013)。要求在法律上能够准确、清晰地界定为财产权利或财产(债权、收益权),并能产生独立、稳定、可评估预测的现金流额贷款债权、基础设施收费和租赁债权。

自 2014 年 11 月证监会推出资产证券化业务的备案制不到一年的时间里,

证券公司及基金管理公司子公司资产证券化产品发行不断提速。截至 2015 年 8 月 12 日,交易所市场发行的资产证券化产品共计 750.87 亿元,已经超过备案制之前发行规模总和。在发行速度上,备案制以来共发行 70 单产品,而备案制之前共发行 40 单产品,发行效率大大提升。不难看出资产证券化备案制的实施很大程度上提升了证券化产品的发行效率。资产证券化产品的不断丰富,将进一步推动交易所市场资产证券化产品市场规模和流动性,为证券化业务打开更为广阔的发展空间。

2015 年 8 月,由浙江海洋租赁股份有限公司(以下简称"浙江海洋租赁")作为原始权益人发起的"浙江海洋租赁一期资产支持专项计划"(以下简称"专项计划")正式成立,并在上海证券交易所固定收益平台挂牌转让。这是舟山市,同时也是浙江省在交易所市场唯一一家设立并正式运营的租赁资产证券化产品。

该专项计划基础资产为浙江海洋租赁依据融资租赁合同对承租人享有的租金请求权和其他权利及其附属担保权益,总计发行规模为 5.47 亿元,其中优先 A 级证券发行规模为 4.17 亿元,优先 B 级证券为 1 亿元。优先 A 级和优先 B 级证券分别获得了联合资信 AAA 和 AA+ 的评级,优先级证券对外发行,次级证券由浙江海洋租赁持有。浙江海洋租赁的金融创新也为舟山市国资公司盘活国有资产及其他企业提供了较好的借鉴经验。

5.4.3 促进新区发展私募股权投资基金融资

私募股权投资是指以非公开的方式向少数机构投资者或个人募集资金,主要对具有融资意向的非上市企业进行的权益性投资,最终通过被投资者上市、并购或管理层回购等方式,出售所持股份而获利。

2015 年,新区成立了浙江舟山群岛新区财金投资基金,总规模 50 亿元,资金由市财政统筹安排,首期出资 10 亿元,具体子基金如下:

(1)基础设施类子基金。母基金作为劣后出资方式,以一定倍数的杠杆比例引导银行等金融机构作为优先级出资,设立新区建设基础设施子基金。目前分别与中行、工行、民生洽谈拟设立 2 支子基金,总计基金规模 100 亿元,首期到位 20 亿元,其中引导基金出资 4 亿元。

(2)产业发展类子基金。①产业转型升级基金。与省级产业基金、社会资本联合共同设立,首期规模 5 亿元,引导基金出资 2 亿元。②江海联运产业基金。引导基金与银行等金融机构、社会资本共同设立江海联运基金,预计基金总规模 100 亿元,首期到位 20 亿元,引导基金首期出资 3 亿元。③整合现有产业类基金。将市国有资产投资经营有限公司与省风险投资引导基金、社会资本共同设立"浙江海洋经济创业投资有限公司"("海洋基金"——首期 2 亿元规模)及省金融控股有限公司共同投资设立的"浙江舟山群岛新区海洋产业投资有限公司"("海洋产业投资基金"——首期 3 亿元规模)等产业类基金纳入本类子基金序列,并进行适当的改造。

(3)创业投资类子基金。将目前市国有资产投资经营有限公司下属全资"舟山市科技创业投资基金"("科创基金"规模 1 亿元)进行相应整合,纳入本类子基金序列。

通过整合,政府引导类的创业投资基金、产业投资基金以及基础设施基金都已经成立。目前,舟山市的众多企业,包括舟山港股份、达人环保、洋山滚塑游艇、京洲食品、中科立德、海视通电子、元王科技等一批拟企业获得了私募股权投资基金的青睐,有力地推动了企业的发展以及提高了企业进入资本市场的意愿,私募股权基金在促进企业发展、提高公司治理、提升企业家资本意识方面起到了巨大的推进作用。一批初创期、成长期的企业也逐渐意识到私募基金的作用,开始主动对接,形成了很强的资本意识。

5.4.4 加速新区发展融资租赁融资

融资租赁是指出租人根据承租人对租赁物和供货人的选择,从供货人处取得租赁物,将租赁物出租给承租人,向承租人收取租金的交易活动。融资租赁业务主体包括出租人、承租人以及设备供应商三方。出租人与承租人签订租赁合同、与设备供应商签订购买合同,继而由供应商交付租赁物予承租人,承租人向出租人支付租金。此种灵活的交易方式有效连接了实体经济与虚拟经济,在所有债权融资方式中最为直接有效。融资租赁主要有四种方式,分别为新设备直接租赁、融资型售后回租、优化型售后回租和厂商租赁销售(高雅洁,2015)。

2012 年,新区成立了浙江海洋租赁股份有限公司(下称"海洋租赁公司"),专业从事海洋产业的融资租赁业务,注册资本金 5000 万美元。公司近三年的经营中主要在政府类、国有企业项目,中小型企业项目,保税租赁、合作租赁等创新项目的开发,涉及水产加工业、循环经济产业、制造业、临港机械加工业、海运业、船舶制造业等产业,较多地采用直租、回租等租赁方式。

2015 年 7 月为支持舟山国家远洋渔业捕捞基地的建设,新区同舟山市海洋与渔业局下的东方渔业公司以及舟山惠群远洋渔业、舟山捕捞龙头企业成立远洋渔业服务公司,积极探索远洋捕捞船融资新模式,利用国家开发银行低成本的资金,切实解决远洋捕捞船产业融资难、融资成本高、融资期限不匹配等状况。

目前舟山正在积极申报由浙商银行为主发起人的融资租赁公司,融资租赁已经成为新区企业直接融资的一个重要途径。

5.4.5 加快新区发展 PPP 融资

按照财政部的定义,所谓 PPP,是指政府公共部门与民营部门合作过程中,让非公共部门所掌握的资源参与提供公共产品和服务,从而实现政府公共部门的职能并同时也为民营部门带来利益。通过这种合作和管理过程,可以在不排除并适当满足私人部门的投资营利目标的同时,为社会更有效率地提供公共产品和服务,使有限的资源发挥更大的作用。其中最多的是污水处理项目,此外也有自来水、地铁、新城、开发区、燃气、路桥项目等。目前,国家积极推动 PPP 发展,各个地方政府也在积极的尝试推出适合的项目吸引社会资本。

新区的首个 PPP 融资项目——浙江舟山大陆引水三期,计划引进社会资本9.4 亿元,已经完成了方案的制定。此外,新区的港口等资源也可以考虑 PPP 进行融资。

5.5　新区发展直接融资的建议

通过金融创新,以多种直接融资方式和手段,探索支持新区的大型基础设施建设以及新区的产业发展。同时,不断提高新区的金融创新意识,完善金融组织架构,提高新区直接融资比例。

5.5.1 支持大型基础设施建设

(一)推动投融资平台改革和创新,发挥国资平台公司的项目建设主体作用

一是加强资产整合,集中打造海洋开发、交通、港务、城建、公用事业、旅游等综合型国资平台公司。二是整合提炼旅游、渔业、地产等经营性资产、股权集中注入到各个综合型平台公司,形成经营性现金流,提升平台独立融资能力。三是坚持市场化原则推动平台公司强化经营管理、资本运作和投融资活动。四是加强政府部门协调力度,实质开展国资整合提升,构建跨行业管理部门的综合型平台公司。五是推动国资监管从资产监管向资本监管的转变,提升国资平台公司资本运营效率。

(二)创新金融服务渠道,争取多元化直接融资支持

一是在争取银行等间接融资信贷支持的同时加强直接债务融资。争取银行信贷支持规模,继续发挥好银行融资主渠道作用。在新区城市基础设施建设、城镇化、旧城改造等领域加强直接债务融资力度,扩大资金来源。

二是大力推动平台公司直接融资。鼓励海投、交投等继续利用好银行间市场发行中期票据、短期融资融券,积极利用交易所市场发行公司债券,推动旅游、公用事业、城建等其他平台公司创造条件发行银行间债券。鼓励平台公司根据自身特点探索利用银行间市场资产支持票据、项目收益票据等。平台公司要加紧与各类债券市场的对接,提升经营现金流,及时把握债券市场发行行情变化,重视项目和财务的包装。

三是整合推动新区投融资平台优质子公司或资源上市上柜融资。继续做好上市上柜推进工作。发挥舟山渔、港、景的优势,从长远角度持续推进涉渔、涉景优质上市上柜资源的整合、培育等前期工作。利用好境内、境外资本市场,着力打造国资公司与资本市场的互通,提升政府融资能力。

5.5.2 支持产业发展

(一)支持传统产业转型升级

创新运用重组并购等直接融资,推动开展航运产业横向并购整合,推进利用欧华造船厂与船舶并购基金的合作,促进船舶修造产业整合。建立由政府出资的产业并购重组引导基金,以入股设立并购基金、跟踪参与并购重组活动、战略性选择收购部分企业和资产等方式,带动新区涉海传统产业整合提升。推动舟山市的水产加工行业、金塘的螺杆行业等的重组、整合。鼓励企业加强与金融租赁等非银行金融机构的合作,大力拓展直接融资渠道。

(二)大力培育涉海新兴产业

利用风险投资基金、天使基金、政府引导基金等培育海洋科技企业。建立海洋科学城与股权投资基金的合作平台,设立或引入天使基金和风险投资基金,前者支持进入孵化器的创业企业,后者服务初创期企业,共同促进海洋电子、海洋生物医疗、海洋资源开发、休闲养老、海洋旅游等新兴产业、新兴业态的培育发展。成立政府引导基金,以入股、跟投的方式引导天使投资和风险投资发挥作用。

积极搭建海洋科技企业、风险投资机构、银行、担保机构等机构之间的综合服务平台,逐步建立风险投资机构入股、银行配套融资、担保机构分担风险的一体化科技金融服务机制。

5.5.3 提升金融意识,完善金融组织体系

一是树立金融意识。重视金融在服务新区经济发展中的重要作用。金融机构要进一步加快金融产品和服务的创新,大力发展短融、中票等直接融资工具。政府部门、企业要有主动运用金融工具、对接资本市场的意识,积极利用多层次的资本市场,进一步提升直接融资的能力。

二是加强引入和培育金融创新人才。加强金融人才引进力度,建立金融人才储备库,尤其重视引入熟悉金融创新和海洋金融业务的金融专才。加强金融人才培育,开展创新业务培训,提升金融人才创新服务意识和能力。

三是完善新区金融机构体系。重点推动设立金融租赁、证券等非银行法人金融机构,积极引进其他非银行业金融机构,进一步完善新区金融组织体系。鼓励民间资本、政府投融资平台参与发起设立或参股新区各类法人金融机构,支持各类金融机构到新区设立专门服务海洋经济的总部机构或专营机构。

参考文献

投融界. 直接融资,http://news. trjcn. com/detail_7411. html. 2011.

苏欣. 股权融资现状和问题探讨[J]. 商情,2014(36).

黄海. 论民营企业融资[J]. 安徽科技,2002(4).

中国人民银行. 银行间债券市场非金融企业债务融资工具管理办法[Z]. 2008.

中国银行间市场交易商协会. 银行间债券市场中期票据业务指引[Z]. 2008.

中华人民共和国国务院. 企业债券管理条例[Z]. 1993.

中国证券监督管理委员会. 公司债券发行与交易管理办法[Z]. 2015.

深圳证券交易所. 深圳证券交易所资产证券化业务指引[Z]. 2013.

高雅洁. 我国融资租赁业发展现状、问题及对策研究[J]. 中国统计,2015(5).

课题组成员:张曙、刘胜海、王绮若

6 发展离岸金融业务,助推舟山新区建设

【摘　要】　本章介绍了离岸金融的历史和发展现状,分析了企业开展离岸金融业务的种种好处,阐述了目前我国逐步在自贸区试点、渐次走向开放的金融和外汇管理政策,指出了现阶段在中国开展离岸金融业务存在的困难和障碍,并提出了相应的建议。本章基于对舟山实际操作离岸金融业务的银行和企业的实地调研,对舟山发展离岸金融业务作了进一步的研究和探讨,提出舟山发展离岸金融业务需要实施"两步走"战略,并针对性地进行了问题剖析和政策研究。

【关键词】　离岸金融;外汇管理政策;自由贸易港(岛) 政策建议

6.1　离岸金融发展现状

6.1.1　几个概念①

离岸金融(offshore finance)是指设在某国境内但与该国金融制度无甚联系,且不受该国金融法规管制的金融机构所进行的资金融通活动。离岸金融业务,是指在一国的范围内,由不具有该国国籍的居民在该国的金融体系中从事资金交易及融通业务,包括离岸保险、离岸银行及离岸证券业务等。

离岸金融市场(offshore finance market)是指主要为非居民提供境外货币借贷或投资、贸易结算、外汇黄金买卖、保险服务及证券交易等金融业务和服务的一种国际金融市场,亦称境外金融市场,其特点可简单概括为市场交易以非

---

①　引自百度百科。

居民为主，基本不受所在国法规和税制限制。

离岸公司(offshore company)为非当地投资者在离岸法域依当地离岸公司法成立的仅能在离岸区以外区域进行营业活动的公司，具有高度的保密性、减免税务负担、无外汇管制三大特点①。除注册地区外，离岸公司可在世界任何国家地区开展业务及经营。

6.1.2　离岸金融市场发展历程

离岸金融市场产生于20世纪50年代后期的欧洲，70年代后它在许多国家与地区获得了蓬勃发展，主要形成了以境外美元市场为主的欧洲货币市场、欧洲债券市场、亚洲美元市场等。离岸金融市场提升了城市的金融竞争力，推动一些非国际金融中心城市迅速成长为国际金融中心；或使已有的国际金融中心进一步成为最主要的国际金融中心。如伦敦国际金融中心在20世纪六七十年代起的再度振兴，新加坡国际金融中心在七八十年代的崛起等。目前，离岸金融市场已成为当代主要国际金融中心不可缺少的组成部分。

离岸金融市场基本上反映了不同的金融业发展水平和金融监管水平，从实践来看，各国都是根据自身的条件，主要是经济对外开放程度、金融业发达程度、金融监管严密程度等，选择不同类型的离岸金融市场。伦敦离岸金融市场成立最早，纽约和东京则是典型的内外分离型离岸金融市场，新加坡和中国香港是新兴的亚洲离岸金融市场，最为著名的避税港型离岸金融市场是加勒比海的离岸金融市场。从区域选择的视角分析，离岸金融市场的形成可归纳为三种路径②。一是设定有形的封闭区域，设立内外分离型离岸金融市场，日本、马来西亚等国家采取划定区域、发展内外分离型离岸金融中心的方式，东京和纳闽已经成长为世界上主要的离岸金融中心。二是在特定区域设立避税型离岸金融市场，是只有记账而没有实质性业务的离岸金融中心，又称"逃税型"离岸市场，避税型离岸金融中心多为岛国或小国，地理位置偏离大陆，具有相对的独立性，依靠宽松的法律法规和较大的税收优惠政策提升吸引力。三是不划定区域，放宽准入推动形成离岸市场，也称为内外混合型离岸市场。此路径以美国

① 根据注册地的法律，这些离岸公司都有不同的称呼。比如在英属维尔京群岛称之为商务公司(Business Company)，而在开曼群岛称之为豁免公司(Exempted Company)，也称为境外特殊目的公司(SPV)。

② 刘丹.国际金融中心离岸金融市场形成的路径及启示[J].中国城市经济，2010(9):68—69。

的 IBF(国际银行设施 International Banking Facility)为代表,其不同之处主要有分布广泛(只要符合条件的银行都可以开展);准入简单(任何美国的存款机构和外国银行在美分行皆可申请开办);管理严格(账户设置要求严格的内外分离,存放款仅限于非居民,不许进行证券买卖等)。

表 6.1　各国(或地区)离岸市场比较①

	中国香港	美国	维尔京	开曼群岛
公司类型	私人有限公司	有限责任公司	国际商业公司	有限责任公司
对国外利润征税	非本地来源之收入不需缴税	全球征税	非本地来源之收入不需缴税	不征税,该国完全没有税收
标准授权股本	10000 港币	3000 美元	50000 美元	50000 美元
是否允许不记名股票	不允许(但允许使用代名人)	不允许	允许	允许
政府登记董事和股东资料	必须	必须	不须	不须
通用货币	港币	美元	美元	开曼元
年审报告	是	是	不须	是
每年缴纳年审及商业执照续牌费	4500～5500 港币	600～700 美元	600～700 美元	1800～2000 美元

6.1.3　离岸金融发展对世界经济产生的影响

离岸金融市场的发展是全球经济金融一体化和资源配置市场化带来的重要成果,影响深远。一是打破国际金融市场相互隔绝各自为政的封闭状态,并延续了国际金融交易时间,全球金融市场因而联系更加紧密,促进了全球经济一体化的发展;二是为世界各国提供了一个调配资金余缺的国际平台,从而降低了交易成本,提高了国际资金使用效率,改善了全球的国际收支状态;三是为国际贸易和国际金融提供了强大的资金支持、丰富的国际清算和风险防范工具;四是为市场所在国带来了丰厚的金融服务收入,增强了该国的经济实力,提

① 北京亚新咨询公司研究报告. http://wenku. baidu. com/link? url = vWsmlmGTwZXFR-fidXaQn ＿ 7L2n0qHQvV7SltthEtOBS9SXHqyuZF2Oo7Qu3ex6zoU3CRdqNSUvSYhjbSJTEZK74TG ＿0B7GpZ Fn4n3UH5IHS

高了其在国际金融市场上的影响力和竞争优势。

另一方面,离岸金融市场借贷业务的一个显著特点是存短放长,一旦某个环节的资金周转出现问题便会引发金融市场的动荡,导致离岸金融市场脆弱化;对离岸金融交易采取保密措施,也使得离岸市场成为洗钱的可能渠道。由于独特的离岸运作机制,离岸金融不受各国金融政策法规约束,使之可能成为国际金融链上的薄弱环节,呈现了信用风险、汇率风险、法律风险、经济运行风险等众多风险,在削弱金融政策效应的同时,也加剧了国际金融市场和国际外汇市场的动荡,甚至危及国际货币金融秩序的稳定。

6.1.4 国内离岸金融业务发展现状

我国现行主要是离岸银行业务,即指银行通过向非居民吸收资金,将所得的资金提供给非居民,为其国际性的资金借贷、贸易结算、投资融资等相关活动提供便利。

1989 年以来,中国人民银行和国家外汇管理局先后批准了招商银行、中国工商银行深圳市分行、中国农业银行深圳市分行、深圳发展银行、广东发展银行深圳分行 5 家银行试办离岸金融业务,揭开了建设离岸金融市场的序幕(后因遭遇东南亚金融危机被监管部门暂停)。1997 年 10 月 23 日,国家外汇管理局发布了《离岸银行业务管理办法》,就离岸银行业务的性质、服务对象及业务范围的界定、申办办法和管理规范等方面作了明确的规定和解释,为国内银行合规经营离岸银行业务创造了条件。至 2002 年 6 月,人民银行批准招商银行和深圳发展银行全面恢复离岸业务,同时允许总行设在上海的交通银行和浦东发展银行开办离岸业务,离岸金融市场也在上海起步。2005 年 10 月,国家外汇管理局下发了《浦东新区跨国公司外汇资金管理方式有关问题的通知》(业内称"浦九条"),是对原有制度的延伸,是针对跨国公司外汇结算的单项改革,侧重于技术方面的改进。离岸金融业务开始取得长足发展。

在地区的选择上,深圳是中国最早开展离岸金融业务的试点城市,前海合作区作为国家对外开放的试验示范窗口,定位为深港合作先导区与机制创新区,港澳及东盟服务业和高科技产业合作的载体,国务院批复的《前海总体发展规划》明确支持金融改革创新项目在前海先行先试,鼓励金融机构在前海合作区内开展以跨境人民币业务为重点的金融领域创新合作,要求深圳充分发挥跨境人民币业务试点地区的区位优势,着重发展与香港资本市场的对接,促进香港人民币离岸市场的发展。2006年6月5日,《国务院关于推进天津滨海新区开发开放有关问题的意见》出台,同年8月8日,国务院办公厅公布了《国务院关于天津市城市总体规划的批复》,天津启动了离岸金融的试点。2012年3月,国务院决定设立温州市金融综合改革试验区,其中有一条就是要研究开展个人境外直接投资试点,探索建立规范便捷的直接投资渠道。2013年9月29日中国(上海)自由贸易试验区正式成立,其中的金融制度创新引人瞩目,"一行三会"积极推动资本项目可兑换、人民币跨境使用、利率市场化和外汇管理改革等方面的先行先试。人民银行出台了分账核算、外汇管理等7个细则文件。银监会出台了简化准入、风险评估等4个实施细则。证监会、保监会也出台了相关操作办法,进一步推进了金融服务业的开放。随后,福建厦门、平潭,广东南沙、前海以及天津滨海等地获批第二批自贸区。这些自贸区的设立,将为离岸金融业务在我国的深入开展打造试点探索和深化发展的平台。

近年来,我国加大对外开放力度,外汇政策变动很快。近期外汇管理政策的变化趋势主要有(部分内容见附表)[①]:

(一)四措施深化跨国公司外汇资金集中运营管理

2015年8月,外汇局对跨国公司外汇资金集中使用政策进行了进一步调整优化,赋予符合条件的跨国公司更多贸易投资便利化措施。主要包括:一是简化账户开立和使用要求。符合条件的跨国公司主办企业可异地开立国内、国际资金主账户。二是简化外汇收支手续。企业可凭电子单证在银行办理经常项目外汇收支;允许企业的经常项目和资本项目购汇与付汇在不同银行办理。三是试行跨国公司借用外债比例自律管理政策。充分借鉴上海自贸区等地外债改革试点经验,允许企业在满足规定限额条件下自行借用外债。四是注重风险防范。保持较高的准入"门槛",要求申请参与的跨国公司上年度外汇收支需达到1亿美元以上;在企业外债比例自律管理中引入融资杠杆率、宏观审慎调节参数和风险预警机制,同时加强事中事后管理。

---

① 参见"2015年三季度外汇局政策新闻发布会文字实录",网址:http://www.safe.gov.cn/wps/portal/!ut/p/c5/04_SB8K8xLLM9MSSzPy8xBz9CP0os3gPZxdnX293QwN3t0BXA89Ad39XL7cA42BPQ6B8pFm8s7ujh4m5j4GBhYm7gYGniZO_n4dzoKGBpzEB3Eg-3CrCDaEyOMzHyRvgAM4Guj7eeTnpuoX5EYYZAakKwIAu_bR9g!!/dl3/d3/L2dJQSEvUUt3QS9ZQnZ3LzZfSENEQ01LRzEwODRJQzBJSUUpuRRUpKSDEySTI!/?WCM_GLOBAL_CONTEXT=/wps/wcm/connect/safe_web_store/safe_web/whxw/zcfgjd/node_news_zcfgjd_store/a389990049e128de9e28bf2bead6bf4e

(二)推进支付机构跨境外汇支付业务试点工作

2015 年 1 月,外汇局在全国范围内推进支付机构跨境外汇支付业务试点工作,进一步放宽对业务范围的限制,将网络购物单笔交易限额提高至等值 5 万美元,并将试点支付机构的审核权限下放至分局①。截至 2015 年 8 月末 26 家支付机构累计办理跨境收支 51.9 亿美元②。

(三)直接投资外汇和资本金意愿结汇试点加快

2015 年 6 月 1 日,直接投资外汇登记下放至银行办理和外商投资企业外汇资本金意愿结汇等外汇管理改革措施,正式在全国范围内推广实施。至此,直接投资外汇管理项下的行政审批事项基本取消,进一步促进了跨境直接投资便利化③。

(四)四项内容支持境内商品期货市场开放和交易

2015 年 7 月,在证监会允许境外交易者和境外经纪机构从事特定品种期货交易相关办法出台后,外汇局及时发布通知,明确境外投资者参与境内商品期货交易等外汇管理政策,便利市场操作。主要内容包括:一是明确各交易主体外汇账户实行专户管理,资金封闭运行,降低交易风险。二是明确境外投资者用于期货交易资金不占用银行短期外债指标。三是便利资金汇兑,境外投资者直接在开户行办理结购汇,结购汇后资金可以直接划转。四是简化数据报送,期货交易涉外收支等交易数据统一由开户银行、交易所通过系统报送。

(五)上海自贸区新 40 条出台,加快资本项目可自由兑换步伐

2015 年 10 月 30 日,中国人民银行会同商务部、银监会、证监会、保监会、国家外汇管理局和上海市人民政府,正式联合印发《进一步推进中国(上海)自由贸易试验区金融开放创新试点 加快上海国际金融中心建设方案》,业内称之为"新四十条",鼓励上海自贸区率先实现人民币资本项目可兑换等。

(六)天津金融改革"33 条"政策即将落地

《关于金融支持中国(天津)自由贸易试验区建设的实施意见》(即天津自贸区"金改 33 条")基本囊括了上海自贸区两批金改政策(除国际金融中心相关政

---

① 数据来源:2015 年 1 月 20 日国家外汇管理局《关于开展支付机构跨境外汇支付业务试点的通知》。

② 人民网(finance. people. cn)

③ 根据国家外汇管理局网站公布,自 2015 年 6 月份实施至 2015 年 8 月底,全国外商投资企业资本金结汇金额共计 193 亿美元,其中意愿结汇金额 42 亿美元,占资本金结汇总额的 22%,未出现结汇大幅增长或突击结汇的情况,全国范围内也未发生直接投资项下集中流入外汇资金和大规模异常结汇现象。

策外)的全部内容,而且在此基础上,增加了京津冀、融资租赁等方面的天津特色政策支持。将在以下四个方面寻求重大创新突破:一是在扩大跨境人民币使用上实现新突破,将进一步拓宽区内主体开展跨境投融资的渠道、方式和业务范围,着力培育和支持开展跨境人民币结算平台交易。二是在深化外汇管理改革上实现新突破,特别是围绕稳步推进资本项目可兑换、推动外债宏观审慎管理、实施投融资贸易简政放权等方面,将推出一系列重大改革创新政策。三是在促进租赁业发展上实现新突破,将推出一些更加具体务实、可操作性强的金融支持政策,包括拓宽租赁企业投融资渠道、灵活资金运营、提升业务便利性等多个方面,更加突出天津的区域优势和政策优势。四是在支持京津冀协同发展上实现新突破,大力支持京津冀地区金融机构在自贸试验区开展跨区域金融协同创新与合作,进一步完善与京津冀协同发展相适应的金融产品与服务,不断增强金融服务区域实体经济发展能力。

总体来看,外汇管理政策将不断适应人民币国际化和国家宏观经济对外扩张战略,逐步趋于便利、宽松,日益与国际接轨。

6.1.5 注册离岸公司的目的和优势

一般说来,内地企业注册离岸公司的目的有四种:一是准备到境外上市;二是作为投资跳板;三是注册控股公司,便于资本运作;四是合法避税。因为离岸管辖区政府规定离岸公司拥有信息豁免权,公司的股东资料、股权比例、收益状况等,享有保密权利,离岸管辖区政府只向离岸公司征收年度管理费,除此之外,不再征收任何税款。

国内的离岸公司开户主要在两种选择:一种是在内地开立离岸账户,一种是在境外直接开立账户(考虑到方便性,多半是香港)。中国内地提供离岸银行服务的主要有两个阵营:外资银行,它们刚进入内地市场时最早被允许做的业务就是离岸业务,如汇丰银行、渣打银行、荷兰银行等;四大中资银行:平安银行、招商银行、浦发银行、交通银行。总的来说,注册离岸公司有以下的比较优势:

一是迈向国际化的路径。当今世界经济日益一体化,商业越来越呈现跨国界的发展趋势,企业也经常用跨国经营来增强企业实力,扩大经营区域。而注册一家海外离岸公司则成为企业走向世界,开展跨国业务的捷径。

二是降低通关成本。一个企业向国外(如美国)出口产品,需要申请配额及一系列的相关手续,这中间需要多花费一到两倍的成本。而如果该企业拥有一个海外离岸公司,由企业向离岸公司出口产品,再由离岸公司向美国等发达国家出口,就可以绕开关税壁垒获得免税待遇,并且还能够成功地绕开出口配额限制。

三是绕开外汇管理,方便融资。海外离岸公司进行海外融资和在中国香港或新加坡等地的二板上市相对而言比较简单便捷,海外离岸公司的资金转移不受太多约束,资金使用也很方便,很多企业可将在海外资本市场募集的资金先放在海外的离岸公司,再根据国内企业经营的具体需要,逐次将资金汇往国内。

四是法律环境宽松、保密性好。大多数离岸法区以英国商业公司法为基础,公司有关股东及董事的资料均是保密的,不需要向公众透露。宽松的法律环境以及对公司业务的高度保密,使上市公司自身安全具备充分保障,极大减少了各种风险因素。

五是税收优惠幅度很大。离岸公司通常没有任何税收负担,所有离岸法区均不同程度地规定了离岸公司所取得的营业收入和利润免缴当地税赋或以极低的税率(如 1%)缴纳,公司只需要每年支付当地政府一项固定的费用。

六是公司成立快速、注册方便。离岸公司的注册程序非常简单,费用低,有专业的注册代理机构代为完成,不需要注册人亲自到注册地进行操作,一般当地政府批准成立只需 1~2 天的时间。

七是公司管理简便灵活。离岸公司无须每年召开股东大会及董事会,即使召开,其地点也可任意选择,自由度较大。公司股东可以是个人或者公司,可以非现金方式购买公司股份,可以向股东发行不同等级的股份,比如优先股、可回赎股、无记名股等。

八是降低融资成本。可充分利用国际金融市场上成本较低的资金来降低企业的融资成本。

6.1.6 离岸金融发展趋势

离岸公司这种形式已经存在了几十年,世界各国政府都承认并允许离岸公司在本国开展业务或投资,世界各大银行也都承认此种公司,为其设立银行账号,并为其财务运作提供方便。

但是,随着世界各国对金融管制的放松,离岸金融市场的竞争也越来越激烈,金融创新和金融自由化的发展对离岸金融提出了诸多挑战。表现在:国际金融市场管理趋同性发展,不断放松管制增加国内金融市场的吸引力;离岸金融市场受到的监管更加严格,经合组织、国际清算银行、巴塞尔协议监管委员会、金融稳定论坛、金融行动特别工作组等国际组织纷纷提出完善离岸金融监管的建议,采取一系列措施规范离岸金融的秩序;新兴的衍生金融业务对运作环境的高要求致使衍生产品交易主要集中于传统的国际金融中心;现代科技的发展使拥有高度流动性和高效清算系统及大批成熟劳动力的现代国际金融中心产生了新的规模经济效益,衍生金融业务以外的其他金融业务也逐渐集中于大型国际金融中心,从而削弱了离岸金融市场份额。因此,离岸金融市场的增长速度将会趋缓,其发展趋势可能有如下几方面特点[①]:

一是主要国际金融中心的离岸市场将会继续得到巩固和发展,出现离岸金融和在岸金融一定程度的融合。

二是地区性的离岸金融市场也将继续得到发展,会出现一定程度的离岸业务与在岸业务的融合。

三是避税港型离岸金融市场未来仍然具有相当的生存空间,仍然保持极大的吸引力。

四是在金融业集中化和金融创新不断加强的条件下,中小离岸金融市场的功能极有可能出现单一化的特征。

五是新兴国家之间、新兴国家与发达国家之间可能会在离岸金融市场产生激烈的竞争。

6.2 我国离岸金融市场发展缓慢的主要障碍

由于我国缺乏离岸金融市场建设的经验,在借鉴境外成熟市场的同时,必须充分考虑中国特有的问题,只有认真梳理现有障碍,找出根源才能更好地吸收借鉴,发挥各自的特色和优势。

6.2.1 对海关特殊区域的监管制度阻碍了离岸金融的快速发展[②]

2013 年我国首次超越美国成为全球第一大货物贸易国,对离岸性质资金流的进出、停留以及相应的结算、融资、保值避险等全方位金融服务需求越来

中国海洋金融问题研究——以浙江舟山群岛新区为例

---

① 顾宁.国际离岸金融市场理论研究及对我国的启示[D].吉林大学硕士学位论文,2004.
② 本部分参考了:顾益民.自由贸易区离岸金融市场模式选择、制度障碍和实现路径[J].上海海关学院学报,2013(5).

高。然而,我国境内无论是保税区、自贸区等均实行严格的封闭管理,境外货物在进出保税区时,都要接受海关的监管,是事实上的"境内关内"。比如,《保税区海关监管办法》第三条明确规定,保税区是海关监管的特定区域,法规没有确立"境内关外"的地位。此外,2013年国家外汇管理局印发的《海关特殊监管区域外汇管理办法》第七条规定,"区内与境外之间的资金收付,区内机构应当按规定进行国际收支统计申报;区内与境内区外,以及区内机构之间的资金收付,区内机构、境内区外机构应当按规定填报境内收付款凭证",可见外汇管理部门实质上将区内和境内区外的国际收支视为一致。

6.2.2 较低的贸易自由度制约了离岸金融业务的拓展

我国保税区实行的是"一线放开,二线管住,区内自由"的管理政策,妨碍了离岸金融中间业务和风险管理业务的开展。比如,自由贸易区转口贸易的发展极大推动了离岸金融中间业务的需求,企业可根据国际国内市场价格变化来针对保税区货物是否进口或将产品转出口至第三国,从而赚取利润或减少损失。因此,从事转口贸易的企业,随着贸易形势的发展和国际金融工具的多元化,转口贸易的发展广泛运用离岸套期保值工具,给离岸金融机构提供中间业务和离岸衍生品交易创造了市场需求①。而我国保税区转口贸易由于受地理位置、出口退税政策、进出口经营权和操作手续等影响,难以形成规模。

6.2.3 外汇管理体制阻碍了离岸资金市场的形成

2013年国家外汇管理局印发《海关特殊监管区域外汇管理办法》的通知第五条规定,区内与境内区外之间货物贸易项下交易,可以以人民币或外币计价结算;服务贸易项下交易应当以人民币计价结算。区内机构之间的交易,可以以人民币或外币计价结算;区内行政管理机构的各项规费应当以人民币计价结算。上述规定形成了外币和本币的不同计价规范,形成外币计价项、外币本币混合计价项目和本币计价项目,割裂了外币和本币兑换互通,阻滞了区内外汇的流动性,对离岸金融的业务创新和市场发展产生阻碍。

---

① 王任祥,邵万清等.保税港区建设与发展探索——宁波梅山保税港区建设与发展专题研究[J].北京:经济管理出版社,2010:69.

6.3　舟山发展离岸金融的困难和问题

6.3.1　政策限制

资金进出困难,结汇难。

离岸金融优势之一在于低成本的资金,但是我国是资本管制较为严格的国家,这些资金又不能随意进出我国,除非企业不想规避境外投资所得须纳税的规定,愿意缴纳较高的税收。深圳对应的是香港,上海对应的是自贸实验区,天津对应的是滨海新区,义乌对应的是国际商贸试点,平潭对应的是台湾,横琴对应的是澳门。这些所谓的离岸金融实验区,都因其特殊目的或背景而不同程度获取一些政策倾斜。离岸企业经营收入为外币,除支付境外的费用外,外币净利润转入境内受我国外汇管制限制,目前操作根据个人每年 5 万美元结汇,对于利润多的企业而言是非常不方便的,提交申请获批以后才能突破 5 万美元的限制。

国内银行与现代银行标准仍有差距,在银行现代化、商业化中需注重经营能力与适应力。如果当地金融业不够发达,又未能吸引足够多的外资金融机构,离岸业务量必然很小,那就无法称之为离岸金融中心。

离岸业务因金融创新度低,仅停留在传统业务上。目前几家离岸银行设计的创新金融业务品种与其营销点均倾向在岸客户,能达到离岸客户要求的组合产品方案与在岸、离岸联动产品稀缺。

国内的法律环境尚需完善。特别是资本项下外汇管制的宏观经济政策指导下,相应的离岸金融监管制度难以出台。

6.3.2　负面影响逐渐显现导致离岸金融进一步开放趋于谨慎

在中国,离岸公司出现虽然时间并不长,但有些负面影响已经同步显现。如自改革开放以来许多大案要案就是以离岸金融中心作为资本外逃的"中转站"。因此,我国政府不断加强这方面的监管和整顿,防止国有资产流入少数利益集团或个人的腰包。

商务部研究院的梅新育博士提出①，离岸金融中心对中国产生的主要负面影响有五个方面：为腐败分子、不良商人提供侵吞国有资产和公众财产的途径；推动资本外逃规模进一步膨胀，进而对人民币汇率安排和货币政策运作构成重大压力；造成潜在的投资争议；企业通过虚增资产和虚增经营业绩进行欺诈；外资企业转嫁金融风险。因此，有专家表示，有关部门应改进对资本流动的监测，将资本内流与资本外流、外资企业与内资企业一并纳入监测范围；对代理机构在内地开展离岸金融服务和避税服务进行适度限制；推动各家银行改善信息交流，尽可能提高离岸公司经营信息的透明度，加强对离岸公司投资企业的金融监管，防范其从境外转嫁金融风险；取消对外资的过度优惠，实现内外资待遇平等；放松资本流动管制，便利企业跨国经营；改进税制，从根本上削弱企业向离岸金融中心迁移注册地的动机等。这些建议有些是合理的，但不少提议也都限制了离岸金融在我国的进一步发展。

6.3.3 舟山自身的条件限制

（一）实体经济薄弱，企业少

舟山的支柱产业依旧是船舶修造、海洋运输、水产加工等传统产业，虽然市、县（区）、镇三级政府加强招商引资，但对新产业的培育、引进效果还不明显，还不能支撑起舟山当前和今后一段时期的快速发展。由于舟山的经济结构单一，受国际经济持续低迷、大宗商品价格走低、有效需求不足等因素影响，传统产业受到影响较大，要实现较快增长依然较难。2014 年全市 384 家规上工业企业亏损 105 家，亏损面 27.3%，利税总额下降 31.8%，利润总额下降 83.5%，流动资产下降 4.4%。受制于实体经济，舟山离岸金融业务结算量很小，初步估计每年在 5 亿美元左右。根据交行、浦发等银行单位离岸金融业务量分析，反映出舟山客户需求较少，舟山涉及离岸金融业务的公司，主要从事远洋渔业、海运以及大宗商品贸易三类。截止 2015 年 7 月底，交通银行舟山分行离岸账户 129 户。其中方便旗企业 112 户，占比 87%，结算量 25331.2 万美元；个人离岸账户 1 户，结算量为 58.8 万美元。根据行业分类，其中航运企业 109 户，结算量 20378.96 万美元；贸易性企业 16 户，结算量为 357 万美元。浦发银行舟山分行

---

① 参见福步外贸论坛：http://bbs.fobshanghai.com/thread-2387996-1-1.html.

离岸客户 18 家,离岸存款 443 万美元,结算量仅 5300 万美元①(见图 6.1)。

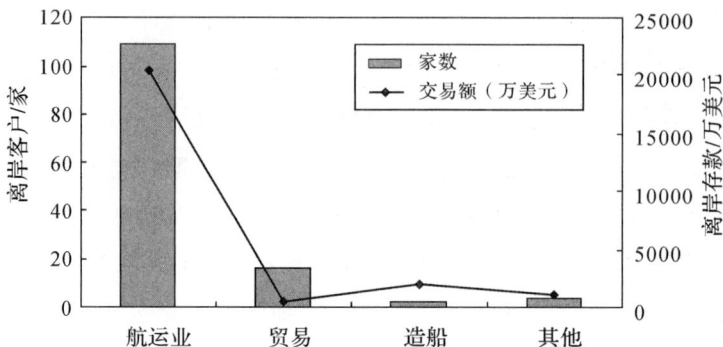

图 6.1 离岸业务交易额

(二)受上海宁波夹击,缺乏吸引力

上海是国内一致看好的中国未来的离岸金融中心,宁波背靠宽阔的腹地,舟山在没有特殊政策的情况下难以与它们竞争。2014 年舟山市金融业增加值 72.8 亿元,占 GDP 的比重是 7.13%,低于全省 8% 的平均水平。全市仅有银行业机构 25 家,市级保险公司 21 家,证券营业部 12 家,期货营业部 3 家。上海是中国金融中心,而宁波全市有各类金融机构 258 家、小额贷款公司 43 家、股权投资机构 636 家、金融中介服务机构 1100 余家。2014 年宁波市金融业增加值达 496.95 亿元,是舟山的近 7 倍②。总体来看,舟山金融业发展处于相对不足的阶段,特别是处于上海和宁波的夹层中间,金融业生存空间狭小。

(三)金融机构权限小,缺乏总部政策支持

比如,在舟山的离岸企业一般是新注册的企业,大部分都是方便旗企业,拥有的资产是跑国际航线的船舶,企业资产作为抵押获得授信的可能性很低。而且目前在舟山办理离岸业务的银行没有离岸的授信权限,办理业务的自主权和效率不高,使得舟山离岸金融业务发展缓慢。

(四)开户要求在岸关联

根据银行反映,舟山市的离岸企业如没有在岸关联企业,在银行开户评分表中达不到开户的标准,离岸账户的开户成功率很低。

---

① 根据舟山市统计公报及交通银行舟山分行、浦发银行舟山分行等单位提供的数据整理。
② 根据上海、宁波、舟山三地 2014 年统计公报整理。

(五)客户自身实力较弱

由于反洗钱的压力，加之大多离岸企业财务外汇业务能力有限，遇到OFAC(美国财政部海外资产控制办公室)查询时，客户应对能力薄弱，解决成本相当高。

综上所述，目前在舟山要大力发展离岸金融业务，从政策方向和经济发展程度看，近期可行性不大。

6.4 主要的政策建议

舟山新区成立后，在行政审批权限下放力度还远远不够。我们在调研时，企业普遍反映在办理相关审批事项中，还是感受到与新区设立前没有多大的差别，尚需逐步呈报上级，程序繁杂，环节多，审批时间长，这对招商引资、开拓经营、企业发展、对外投资都会带来一定的制约。要争取更多与舟山新区建设相适应的行政审批权限，尤其是企业对外投资、外汇管理方面的权限。建议分两部走：

6.4.1 第一阶段，借鉴上海自贸区和其他自贸区的成功经验，发挥舟山港综合保税区优势，争取如下政策在新区实施

一是挂方便旗船舶，可在综合保税区设立离岸公司。

二是提高舟山分行的自主权限。目前银监部门授权有些自贸区的分行符合一定要求的可以办理离岸业务，舟山新区应努力争取类似政策，尝试将舟山市特殊监管区域的 NRA 账户赋予准离岸的功能，即突破 NRA 外币账户纳入外债规模的限制，在一定程度上解决无离岸牌照的经营机构经营离岸业务的困难。

三是推进外汇资金集中运营。即扩大跨国公司总部外汇资金集中运营管理试点企业范围。这项政策舟山地区符合条件的可以试行。但就目前摸底调查了解的情况看，辖内还没有符合条件的企业提出此项政策需求，这也反映了舟山企业数量、质量方面仍处于落后状态。

四是方便跨境投融资，扩大人民币跨境使用。在舟山的非银行金融机构和企业可从境外借用期限一年以上的人民币资金(借用的人民币资金不得用于投

资有价证券、衍生产品，不得用于委托贷款）。开展合格境内个人投资者（QDII2）境外投资试点，允许在舟山工作一年以上的居民符合一定条件后可向境外进行直接投资。

五是中国境内船厂向综保区设立的离岸公司出口船舶，境内船厂可享受出口退税政策。

六是在综合保税区设立的离岸公司可在中国境内开设离岸账户。

七是在综合保税区设立的离岸公司可享受低税收优惠政策，公司高管可享受个人所得税减免优惠政策。

6.4.2 第二阶段，在以下几个方面争取政策支持

一是就离岸金融市场着手建设类似于离岸岛屿的法律和政策环境。

二是在舟山划定一个区域，在一定范围内突破 5 万美元结汇额的政策限制。

三是在舟山的中外企业都可以办理离岸金融业务。

四是允许舟山企业按净资产的 5 倍借外债（舟山企业净资产总额尚无法统计，额度不明）。

五是允许开办离岸人民币业务。

六是参与国际竞争的特殊区域低税收政策。

七是争取更多与舟山新区相匹配的行政权限和立法权（正省级审批权限）。

八是扩大舟山新区金融机构业务权限。

目前，舟山新区设立了多家商业银行（分行）、保险公司等金融机构，但大多权限是二级分行（公司），只相当于上级分行下属的支行（公司），企业在办理银行业务过程中，许多业务需报省分行（上级分行）审批，因上级行对当地企业情况了解不够，往往审批的时间长，几上几下，程序复杂，舟山部分企业只能向外市银行办理业务，尤其是项目贷款，大额授信业务。可在新区银行设立的审批上，银行的业务权限设定作为一项审批条件，以扩大其业务权限。

如果上述政策落实，舟山可能成为金融政策洼地，吸引国内外资金进入，但我们判断，这种可能性也比较小。所以，如无特殊政策支持，短期内舟山的离岸金融业务难有进展。

6.5 舟山有可能成为自由贸易港(岛)吗

离岸金融业务是发展自由贸易港区的重要内容之一，在世界范围内的自由贸易区如香港、新加坡、迪拜、伦敦以及北美自由贸易区等，都相继建立了较为完善的离岸金融市场，极大地促进了国际资本的流动以及资金的融通，使得国际贸易、国际借贷以及投资融资更为便利。因此，舟山在迈向自由贸易港(岛)的过程中，要格外重视离岸金融业务的发展，及早出台相关的政策法规，并逐步建立完整的离岸金融市场。

6.5.1 自由贸易港(岛)发展离岸金融的优势

自由贸易港(岛)是指设在国家与地区境内、海关管理关卡之外的，允许境外货物、资金自由进出的港口区或海岛区域，其对进口的全部或大部分货物免征关税，并且准许在自由港(岛)内，开展货物自由储存、展览、拆散、改装、重新包装、整理、加工和制造等业务活动①。目前排名世界集装箱港口中转量前列的新加坡港、香港，均实施自由港政策，是著名的离岸金融中心。

6.5.2 设立自由贸易港(岛)的条件

成功的自贸港区必须以国际化为导向、市场化为目标、法制化为保障的金融自由作为基本制度要件之一。成为自有贸易港(岛)，主要有以下几个要件：一是法律条例规定完整；二是税收成本较低，自由贸易港(岛)最主要的一个特点就是海关的监管自由，相关的税收和费用大多数减免，以力图增强它自身的竞争力；三是运营效率较高；四是金融基础设施完善。

在自由贸易的环境中，价格的形成需要市场，对市场的参与者提供必要的金融服务是自由贸易顺利开展的前提之一。因此，自贸港(岛)必须建立适当的金融基础设施，建立必要的生产要素交易市场，通过高速安全的支付结算，在风险可控的范围内实现货物和商品流通的高效率。自由贸易港(岛)的金融开放

---

① 参照百度百科。网址：http://baike.baidu.com/link? url=5Xgq6A_fg0iPAc6eOeh59cmuhBTyHSNRFsYDmE_NMTHONIhyIGfK0w8wXFRbvpMmvK-5Q5_lpHKCQsXv6etm4K。

主要体现在：放宽或取消利率、汇率和外汇的限制；减少或取消信贷规模直接控制；放宽境外金融机构的准入和经营活动的限制；放宽金融机构及金融交易市场的设立；允许金融工具创新，放开资本自由流动。

6.5.3　舟山有无可能发展成为自由贸易港（岛）

舟山建设自由贸易港（岛）有着其他地区不具备的有利条件，第一是监管方便，第二是辐射很广，第三是功能特殊，第四是风险最低。舟山与上海两者是错位发展的，上海是大都市型发展，注重服务贸易、金融集聚和高科技产业孵化发展；舟山是海岛型经济，注重港口物流和旅游经济。舟山具有港口航线优势，途经中国的 7 条主要国际海运航线有 6 条经过舟山，与亚洲的主要航运中心釜山、长崎、高雄、香港、新加坡等构成 500 海里等距离的扇形海运网络。从 2010 年起，宁波-舟山港的货物吞吐量开始超过上海港，并且增速为中国第一。舟山港作为上海国际航运中心和上海－宁波－舟山组合港的主要组成部分，区域环境独立，深水口岸发达，海陆空运输便捷，成为自由贸易港区的基础条件很好。特别是舟山港综合保税区最有条件升级到国际离岸的贸易中心，这样可以与现有上海自贸区的洋山港协同规划、开发，共同建立国际离岸贸易中心。

但是，舟山要成为自由贸易港（岛）必须在以下几个方面符合条件：

(1)税收政策独立且符合自由贸易低税率的要求；

(2)金融管制放开，不受国家金融体系影响；

(3)经济活力大大增强，产业基础全面提升；

(4)人才集聚效应体现，逐步成为人才高地；

(5)基本不受国家宏观政策调控的影响。

上述政策，短期内难以实现，因此我们认为，如果仅仅以市场培育的方式，舟山短期内难以成为自由贸易港，需要经历一个比较漫长的过程。第二种，自上而下，直接以政策推动，实现舟山新区成为新的自由贸易港，这需要中央层面的顶层设计。舟山的机会也不是一点没有，至少在以下几个方面可以探索：

(1)香港"占中"的影响，或使中央能够意识到应该再在大陆边上的岛屿建设一个人民币离岸中心，这或许是舟山的政策机遇所在。

(2)人民币跨境循环机制的深化。2014 年末，中国境内（不含港澳台地区）银行的非居民人民币存款余额为 22830 亿元，主要离岸市场人民币存款余额约 19867 亿元，人民币国际债券未偿余额 5351.1 亿元。截至 2015 年 4 月末，非居民(境外机构和个人)持有境内人民币金融资产 44065 亿元,其中:境外机构持有的股票市值和债券托管余额分别为 6444 亿元和 7352 亿元;境外机构对境内机构的贷款余额 8739 亿元;非居民在境内银行的人民币存款余额 21530 亿元[①]。目前人民币主要是来华直接投资、境外人民币清算行接入、人民币现钞回流,以及银行间市场、RQFII 等渠道进行流动。随着我国综合国力不断增强,亟需海外人民币回流渠道畅通,以提升人民币的收益率和吸引力,加快人民币国际化进程。

(3)通过离岸市场推动人民币国际化进程。在我国资本项目未开放、金融基础薄弱、资本尚未达到自由兑换等现状下,离岸金融市场以其不受地域限制、监管限制等优势作为突破口在人民币国际化进程中发挥着至关重要的作用,主要体现在[②]:(1)离岸金融市场的建立将带动人民币在流向境外,形成初始的境外流通;(2)离岸金融市场的发展壮大,为境外人民币开辟回流渠道,形成人民币流向境外和回流的双向机制,进一步扩大人民币流通范围和规模;(3)离岸金融市场弥补国内资本市场的不成熟,以先进和高效率的市场运作为前提,为人民币保值增值提供平台;(4)离岸金融市场为国内建立起天然屏障,有效缓冲资本回笼对国内金融市场造成的冲击。在人民币国际化的进程中跨境贸易人民币结算业务的推进是最具影响力的实质性举措,其开启了人民币通过双边贸易直接流向境外。另一方面,我国持续的贸易顺差和债权国地位使得要想进一步扩大贸易结算规模,必须发展离岸金融市场,通过市场力量,调剂境外人民币,提供投资融资渠道,建立起以离岸金融市场为中心的人民币投资渠道和融资渠道,推动人民币循环流通。所以,面对离岸金融市场在人民币国际化战略部署中的关键地位,更需要在扩大人民币跨境贸易结算规模的同时,构建新兴离岸金融市场,相辅相成,共同推动人民币循环流通。

舟山以其独特的地理位置,如能作为人民币离岸市场的备选地区,将大大推动舟山自由贸易港(岛)的设立和发展。我们可以考虑在大小洋山港、衢山岛等地选择一个岛屿进行自贸岛实验区,并逐步扩大到岱山、嵊泗、六横及本岛。为此,结合舟山"十三五"规划中提及的千岛共荣策略,我们能否根据各个岛屿的特色,"一岛一策"加以分析,逐个出台相应的扶持和开放政策。

[①] 数据来源:2015 年 6 月中国人民银行发布的人民币国际化报告(2015 年)。
[②] 崔敏.离岸金融市场发展对货币国际化的影响研究[D].湖南大学硕士论文,2012.

但是,相比于香港、新加坡、伦敦等地,目前在我国内地再开设一个离岸中心有无必要?是设在上海还是在舟山等地?如果没有特殊政策,包括厦门、海南、平潭、横琴以及舟山等地是不可能与上海竞争的。这些问题,还需要在今后的工作中进一步研究和思考。

附件:

一、近期外汇金融改革进度表

项目	内容	金融创新的主要内容	分析比较及附注
人民币资本项目可兑换	抓紧启动自由贸易账户本外币一体化各项业务,进一步拓展自由贸易账户功能。自由贸易账户内本外币资金按宏观审慎的可兑换原则管理。(上新40条*)	支持经济主体可通过自由贸易账户开展涉外贸易投资活动,鼓励和支持银行、证券、保险类金融机构利用自由贸易账户等开展金融创新业务,允许证券、期货交易所和结算机构围绕自由贸易账户体系,充分利用自由贸易账户间的电子信息流和资金流,研究改革创新举措。(上新40条)	居民自由贸易账户与境外账户、境内区外的非居民账户、非居民自由贸易账户以及其他居民自由贸易账户之间的资金可自由划转;同一非金融机构主体的居民自由贸易账户与其他银行结算账户之间因经常项下业务、偿还贷款、实业投资以及其他符合规定的跨境交易需要可办理资金划转;居民自由贸易账户与境内区外的银行结算账户之间产生的资金流动视同跨境业务管理。
	研究启动合格境内个人投资者(QDII2)境外投资试点,适时出台相关实施细则,允许符合条件的个人开展境外实业投资、不动产投资和金融类投资。(上新40条)	允许或扩大符合条件的机构和个人在境内外证券期货市场投资,尽快明确在境内证券期货市场投资的跨境资金流动管理方式,研究探索通过自由贸易账户等支持资本市场开放,适时启动试点。(上新40条)	当下还应该做好四方面工作:一是进一步拓展自由贸易账户功能,逐步提高资本项下各项目可兑换程度,进一步便利企业和个人开展境内外投融资活动。二是进一步加强外汇管理,使外汇管理以推动人民币资本项目可兑换为重点,推动重点领域改革开放,防范异常跨境资金流动风险。三是打通个人跨境投资渠道,推出QDII2境外投资试点;完善沪港通和推出深港通;修订外汇管理条例,取消大部分事前审批,建立有效的事后监测和宏观审慎管理制度;继续便利人民币国际化,消除不必要的政策壁垒和提供必要的基础设施等。四是创造条件,争取人民币尽快纳入特别提款权(SDR),为人民币资本项下可兑换和个人境外投资便利化创造条件。

* 上海自贸区金融改革"新40条"

续表

项目	内容	金融创新的主要内容	分析比较及附注
人民币资本项目可兑换	资本金意愿结汇		意愿结汇后进人民币专用账户,该专户资金汇出仍然执行严格的真实性审核,所以意愿结汇只是提前锁定人民币汇率升值风险。但在当前人民币汇率贬值预期较为强烈的背景下,企业意愿结汇或并不强烈。
	开展限额内可兑换试点	在自贸试验区内实现非金融企业限额内可兑换。逐步扩大本外币兑换限额,率先实现可兑换。(上新40条)	未来资本项下可兑换有可能会采取总额度管理的模式,即按照企业或机构的实收资本或者所有者权益,设置比例,从而得出一个总额度,在这个额度下可以进行自由兑换,而不论其为资本项或经常项。
进一步扩大人民币跨境使用	企业跨境借款	发改委最新的文件《关于推进企业发行外债备案登记制管理改革的通知》(发改外资〔2015〕2044号)已经将企业中长期海外借款以及海外发行债券改为事前备案制,尽管此类备案仍然有部分资格审核,以及区域总额度限制,但在资金回流上已经比自贸区和部分试点地区更开放。	主要是两个体系,一个是在"宏观审慎"框架出来之前,各地通过人民币跨境试点,允许在额度内从境外接入人民币债务。这主要有前海对接香港金融机构,新加坡地区银行对苏州工业园区企业在南京分行总额度内的跨境人民币贷款,新加坡地区银行对天津生态城的跨境人民币贷款,主要思路都是给国内企业一定借款额度,额度内该企业可以向特定地区(香港,新加坡)银行借人民币贷款;另外一个是2015年初开始在上海自贸区、深圳前海、北京中关村、江苏张家港实施的宏观审慎外债管理框架。上海的宏观审慎框架实施最早,但2014年FT账户体系覆盖面并不高,加上借款后FT账户的严格约束,一定程度上制约了企业从境外借款积极性。

项目	内容	金融创新的主要内容	分析比较及附注
进一步扩大人民币跨境使用	企业境外放款	上海自贸区在《关于印发支持中国（上海）自由贸易试验区建设外汇管理实施细则的通知》（上海汇发〔2014〕26号）将区内企业境外外汇放款金额上限由其所有者权益的30%调整至50%，将境外直接投资债权登记纳入境外外汇放款登记管理。同时取消境外融资租赁债权审批，允许境内融资租赁业务收取外币租金。	全国的规则是依据《关于境内企业境外放款外汇管理有关问题的通知》（汇发〔2009〕24号），放款人境外放款余额不得超过其所有者权益的30%，并不得超过借款人已办妥相关登记手续的中方协议投资额。如企业确有需要突破上述比例的，由放款人所在地外汇局初审后报国家外汇管理局审核。其他几个自贸区的规则表述并没有明确境外放款，只有天津简单表述为："进一步提高对外放款比例"。
	推动资本和人民币"走出去"	支持自贸试验区内企业的境外母公司或子公司在境内发行人民币债券，募集资金根据需要在境内外使用。（上新40条）	境内发债
		根据市场需要启动自贸试验区个体工商户向其在境外经营主体提供跨境人民币资金支持。（上新40条）	对境外主体的资金支持
	拓宽境外人民币投资回流渠道	创新面向国际的人民币金融产品，扩大境外人民币境内投资金融产品的范围，促进人民币资金跨境双向流动。（上新40条）	增强人民币流动性，推动人民币国际化
不断扩大金融服务业对内对外开放	支持民营资本进入金融业	对接国际高标准经贸规则，探索金融服务业对外资实行准入前国民待遇加负面清单管理模式。推动金融服务业对符合条件的民营资本和外资机构扩大开放。（上新40条）支持符合条件的民营资本依法设立民营银行、金融租赁公司、财务公司、汽车金融公司和消费金融公司等金融机构。（上新40条）	民营资本、外资机构等准入

续表

项目	内容	金融创新的主要内容	分析比较及附注
不断扩大金融服务业对内对外开放	支持具有离岸业务资格的商业银行在自贸试验区内扩大相关离岸业务。	在对现行试点进行风险评估基础上,适时扩大试点银行和业务范围。(上新40条)	离岸业务扩大
	支持在自贸试验区内按照国家规定设立面向机构投资者的非标资产交易平台。		非标资产交易和平台建设
	允许自贸试验区内证券期货经营机构开展证券期货业务交叉持牌试点。		目前是分业经营
	允许公募基金管理公司在自贸试验区设立专门从事指数基金管理业务的专业子公司,支持保险资金等长期资金在符合规定前提下委托证券期货经营机构在自贸试验区内开展跨境投资。		拓宽了保险资金的投资渠道
	支持证券期货经营机构在自贸试验区率先开展跨境经纪和跨境资产管理业务,开展证券期货经营机构参与境外证券期货和衍生品交易试点。	允许基金管理公司子公司开展跨境资产管理、境外投资顾问等业务。支持上海证券期货经营机构进入银行间外汇市场,开展人民币对外汇即期业务和衍生品交易。	属于试点
	支持在自贸试验区设立专业从事境外股权投资的项目公司。	支持符合条件的投资者设立境外股权投资基金。	属于试点
	允许外资金融机构在自贸试验区内设立合资证券公司。	外资持股比例不超过49%且内资股东不要求为证券公司,扩大合资证券公司业务范围。允许符合条件的外资机构在自贸试验区内设立合资证券投资咨询公司。	属于试点

项目	内容	金融创新的主要内容	分析比较及附注
不断扩大金融服务业对内对外开放	支持在自贸试验区设立保险资产管理公司及子公司、保险资金运用中心。	持保险资产管理机构设立夹层基金、并购基金、不动产基金、养老产业基金、健康产业基金等私募基金。支持保险资产管理公司发起、保险公司投资资产证券化产品。依托金融要素市场研究巨灾债券试点。	
	完善再保险产业链。	支持在自贸试验区设立中外资再保险机构,设立自保公司、相互制保险公司等新型保险组织,以及设立为保险业发展提供配套服务的保险经纪、保险代理、风险评估、损失理算、法律咨询等专业性保险服务机构。支持区内保险机构大力开展跨境人民币再保险和全球保单分入业务。鼓励各类保险机构为我国海外企业提供风险保障,在自贸试验区创新特殊风险分散机制,开展能源、航空航天等特殊风险保险业务,推动国际资本为国内巨灾保险、特殊风险保险提供再保险支持。	支持保险业跨境业务试点
	支持科技金融发展,探索投贷联动试点,促进创业创新。	在风险可控和依法合规前提下,允许浦发硅谷银行等以科技金融服务为特点的银行与创业投资企业、股权投资企业战略合作,探索投贷联动,地方政府给予必要扶持。	混业经营试点
	研究探索开展金融业综合经营,探索设立金融控股公司。		

中国海洋金融问题研究——以浙江舟山群岛新区为例

续表

项目	内容	金融创新的主要内容	分析比较及附注
不断扩大金融服务业对内对外开放	支持与我国签署自由贸易协定的国家或地区金融机构率先在自贸试验区内设立合资金融机构,逐步提高持股比例。		自由贸易区探索
加快建设面向国际的金融市场	支持中国外汇交易中心建设国际金融资产交易平台,增强平台服务功能。		外汇
	加快上海黄金交易所国际业务板块后续建设,便利投资者交易。		黄金
	支持上海证券交易所在自贸试验区设立国际金融资产交易平台,有序引入境外长期资金逐步参与境内股票、债券、基金等市场,探索引入境外机构投资者参与境内新股发行询价配售。		资产交易市场开放
	支持上海期货交易所加快国际能源交易中心建设,尽快上市原油期货。		能源期货
	支持设立上海保险交易所,推动形成再保险交易、定价中心。		保险再保险交易
	支持上海清算所向区内和境外投资者提供航运金融和大宗商品场外衍生品的清算等服务。		清算服务体系
	支持股权托管交易机构依法为自贸试验区内的科技型中小企业等提供综合金融服务,吸引境外投资者参与。		逐步对境外开放

二、著名的离岸公司注册地

1. 香港(HongKong)——香港私人有限公司(Hong Kong Limitedcompany)

2. 英属维尔京群岛(BritishVirgin Islands)——英属维尔京离岸公司(BVIoffshorecompany)

3. 塞舌尔(Seychelles)——塞舌尔离岸公司(Seychelles off shore company)

4. 巴拿马(Panama)——巴拿马离岸公司(Panama off shore company)

5. 巴哈马(Bahamas)——巴哈马离岸公司(Bahamas off shore company)

6. 美国特拉华州(USADelaware)

7. 纽埃(Niue)——纽埃离岸公司(Niue off shore company)

8. 开曼群岛(Cayman Island)——开曼群岛离岸公司(Cayman Islands off shore company)

9. 百慕大(百慕达,BermudaIsland)-百慕大(百慕达)离岸公司

10. 美国(USA,Nevada)——美国有限责任公司(NevadaLLC)

11. 马绍尔(MarshallIslands)——马绍尔离岸公司(Marshall Islands off shore company)

12. 伯利兹(Belize)——伯利兹离岸公司(Belize offshore company)

13. 新加坡(Singapore)——新加坡私人有限公司(Singapore limited company)

14. 萨摩亚(Samoa)——萨摩亚离岸公司(Samoa off shore company)

15. 英国(UK)——英国私人有限公司(UK off shore company)

16. 多米尼克(多明尼克,Republic of Dominica)-多米尼克(多明尼克)离岸公司(Dominica off shore company)

17. 注册瓦努阿图公司(用于国际贸易的公司种类:根据公司条理(第191章)注册的豁免公司或根据国际公司条理注册的国际公司。国际公司提供更大的自由度和最低限度的限制)

18. 注册成立安圭拉岛公司

三、离岸中心的特点

(1)法律制度健全,专门为离岸公司、离岸银行、离岸投资和相关商业活动立法或在部门法中对离岸商业活动作出规定。

(2)与各国(或地区)和国际组织签订反洗钱双边、多边协议或公约。

(3)多数没有与其他国家(或地区)签署税务协议。

(4)一般为英美法国家和地区,如百慕大、巴哈马共和国、英属维尔京、杰西

和内华达等。

(5)金融体系发达,跨国银行均设立机构,与各国金融市场保持密切联系,结算方便。

(6)通信交通方便,这是保障离岸业务顺利进行的必要条件。

(7)实行法定注册代理人制度,代为行使政府商业职能,当事人不需前往注册地亲为。

(8)离岸公司、信托、私人基金、银行等商业组织在离岸业务中发挥中要作用。

(9)免税和宽松的监管制度为离岸业务创造灵活的运作条件。

(10)银行对离岸业务的要求和监控比对在岸业务更加严格。

(11)当事人控制财产,安全性强。

(12)商业组织设立和解散程序简单。

(13)属于单独税区或司法管辖地,具有独立立法司法权或属于主权国。

四、离岸公司的内部特点

(1)一人股东。

(2)一人董事。

(3)法人可任股东和董事。

(4)股东董事可为任何国家任何国籍任何住所的法人和自然人。

(5)无最高股东人数限制。

(6)授权资本制,无验资要求。

(7)无最高资本额限制。

(8)无年报要求。

(9)由法定注册代理人发起设立公司,代政府收缴注册费和年费。

(10)公司不得在注册地或与注册地居民交易或购买除为保存公司档案和联络股东为目的的不动产。

(11)股东会和董事会召集程序简单,出席和表决可以以电子形式。

(12)股东周年大会、股东特别大会、董事会举行时间和地点由股东或董事决定。

(13)公司设立和解散及治理由国籍地(注册地)法律管辖,运作由行为地法律管辖。

(14)除法律限制的特许名称外,公司名称选择较多。

（15）设立和解散程序简单、时间短。

（16）会计和审计由董事会决定。

（17）股东和董事资料不在政府备案，不得不经董事授权而披露。

（18）股东自由转让股份，有些法律规定转让行为以董事会批准为生效要件。

（19）有些国家和地区法律规定不可以向社会公开募集股份。

（20）实行属地管辖原则，源于境外的收入完全免税。

（21）可以在国际和本地银行开户（各国或地区情况不同）。

（22）外资性质。

参考文献

刘丹.国际金融中心离岸金融市场形成的路径及启示[J].中国城市经济，2010(9).

顾宁.国际离岸金融市场理论研究及对我国的启示[D].吉林大学硕士学位论文,2004.

顾益民.自由贸易区离岸金融市场模式选择、制度障碍和实现路径[J].上海海关学院学报,2013(5).

王任祥,邵万清.保税港区建设与发展探索——宁波梅山保税港区建设与发展专题研究[M].北京:经济管理出版社,2010.

崔敏.离岸金融市场发展对货币国际化的影响研究[D].湖南大学硕士论文,2012.

中国人民银行发布的人民币国际化报告(2015年)[R].见中国金融新闻网：http://www.financialnews.com.cn/yw/jryw/201506/t20150612_78138.html.

课题组成员:沈锡飞、杨肖好

7 舟山运用企业资产证券化研究

【摘　要】 本章通过对企业资产证券化的介绍和分析,结合实际情况提出舟山运用企业资产证券化的思路和对策。从基础资产选择这一核心问题出发,我们提出如何运用企业资产证券化支持基础设施投资建设,以及如何盘活涉海资产、开展资产证券化创新、优化发展环境等相关政策建议。

【关键词】 企业资产证券化;基础资产;创新;政策建议

2014 年以来,资产证券化得到了快速发展,成为直接融资市场中新的亮点。今年舟山市海洋租赁公司成功发行了全省首单融资租赁资产证券化项目,开了舟山市利用企业资产证券化的先河。如何进一步运用企业资产证券化,发挥舟山新区自身优势,为舟山新区各项建设和企业发展的投融资活动提供有效服务,需要我们进行深入思考研究,提出对策建议。

7.1　企业资产证券化的发展背景

7.1.1　资产证券化的概述

(一)基本概念

所谓资产证券化业务,是指以基础资产所产生的现金流为偿付支持,通过结构化等方式进行信用增级,在此基础上发行资产支持证券的业务活动。由于资产证券化形式和种类较多,国内外对资产证券化定义的理解和表述多有不同。Leon T. Gardener(1986)从金融本质角度出发,认为资产证券化是一个过程或工具,通过金融市场取代原有封闭的市场信用,储蓄者和借款者借此得到配对。更具体来说,资产证券化是将贷款合同、应收账款项目等缺乏流动性的相似资产打包并出售从而完成融资的过程(Bhattacharya、Fabozzi,1996)。

整个资产证券化过程可以简要概括为:原始权益人将基础资产出售给特殊目的载体(SPV),SPV对基础资产池现金流进行重组、分割和信用增级,并以此为基础发行证券,所得金额作为购买基础资产的资金,服务机构负责归集资产池现金流,按照一定的规则分配给不同档次证券的投资者。总体而言,资产证券化是对传统融资方式的突破,依托基础资产产生的现金流而非融资主体自身信用来获得外部资金,是一种有助于盘活存量资产的新型融资渠道。

(二)发展现状

随着20世纪七八十年代的美国储贷协会危机推进住宅抵押贷款资产证券化兴起(张明等,2014),资产证券化快速发展成熟,成为美国债券市场非常重要的品种。我国从20世纪90年代开始探索资产证券化,并2005年开始逐步出台并完善了相关管理规定,有序推动资产证券化业务。

由于我国金融分业监管体系的影响,根据监管部门和发行市场的不同,目前我国的资产证券化主要有三种,分别是银监会及中国人民银行监管的信贷资产证券化、证监会监管的企业资产证券化和银行间交易商协会下的资产支持票据(ABN)。这三类资产证券化在发起人、主管部门、基础资产、交易结构、信用增级等方面都有着不同特点,尤其是基础资产和发行交易市场方面,信贷资产证券化主要是面向银行等金融机构的信贷资产和银行间交易市场,而企业资产证券化则主要面向非金融企业的各类特定化资产和证券交易所市场。

在利率市场化、金融脱媒、企业部门和地方政府融资平台杠杆率高企等因素影响下,金融机构在未来几年内将大力推进资产证券化业务,这意味着资产证券化将在中国迎来快速发展的新时代(张明等,2013)。到2014年末,资产证券化产品累计发行4826.2亿元,其中信贷资产证券化发行3847亿元,企业资产证券化785亿元,资产支持票据194.2亿元。2014年以来资产证券化发展明显加速,该年发行规模为3318.2亿元,占历年发行总额的68.75%[①],由此可见资产证券化的发展趋势,特别是在目前金融经济发展背景下,资产证券化作为一种新型的融资方式,有着明显的优势和发展前景。(见图7.1)

---

① 本段数据来源于 *Wind* 资讯和恒富证券 2015-05-6 固定收益专题报告。

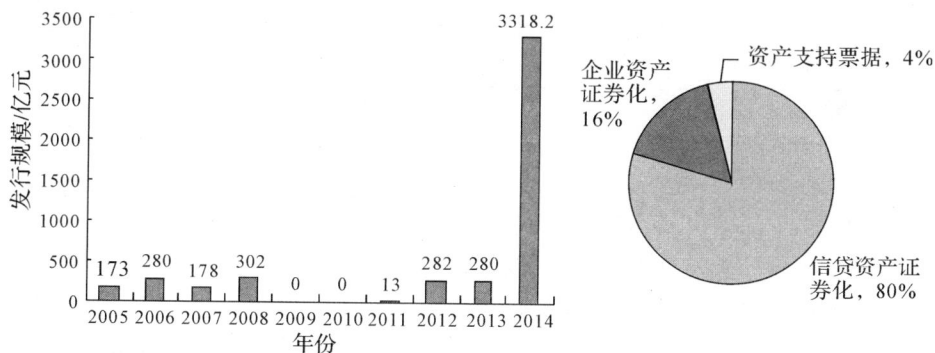

图 7.1　历年资产证券化发行规模和种类占比

数据来源：wind 资讯及中金公司中国宏观专题报告 2015 年 2 月 9 日。

7.1.2　企业资产证券化的发展现状

(一)基本概念

2014 年 11 月以来，证监会发布《证券公司及基金管理公司子公司资产证券化业务管理规定》(以下简称《管理规定》)及相关配套政策，进一步放松了监管，建立备案发行的流程。根据《管理规定》等文件，结合资产证券化的定义，对企业资产证券化可以理解为证券公司、基金管理公司子公司等相关主体开展的，通过设立资产支持专项计划，发行资产证券化产品的业务活动。

企业资产证券化作为资产证券化的一种，其整体的流程与资产证券化流程相同，但在原始权益人种类、发行管理机构、基础资产类别以及特殊目的载体(SPV)方面有了进一步的明确，并与信贷资产证券化进行了区分。其要点内容如下：一是由证监会监管下的金融机构作为管理人或主持发行主体，即允许券商和基金子公司开展此类业务；二是允许以资产支持专项计划作为特殊目的载体(SPV)，类似于设立信托，将发行主体与基础资产进行隔离，起到风险隔离的作用；三是基础资产主要来源于非金融企业，资产类型也不限于信贷资产，范围更为广阔，采取的是负面清单管理，目前各类基础资产创新活动活跃；四是采取的证券投资基金业协会备案、证券交易所等场所挂牌的系统监管制度，取消了审批制度。具体的操作和结构如图 7.2。

(三)发展情况

自 2005 年 8 月中国证监会批准试点中国联通网络租赁费资产证券化项目

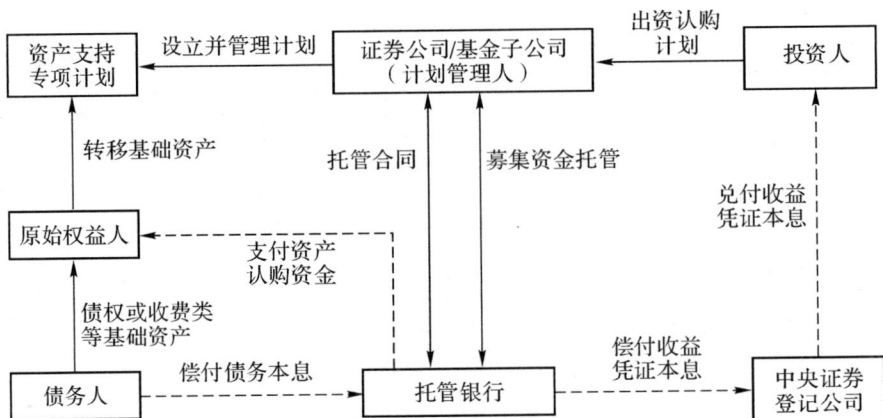

图 7.2　企业资产证券化结构

以来,经过 2007—2010 年的暂停,2011 年以来,特别是监管方式转变以后,企业资产证券化迎来了加快发展的新时期,到 2014 年末企业资产证券化项目累计发行了 785 亿元。其中,2014 年度发行了 401 亿元,超过以前年度总和[①]。在恢复发行后,基础资产的种类日益丰富,陆续出现了以 BT/BOT 债权、基础设施收费权、棚户区改造、入园凭证收费、小额贷款、租赁资产为基础资产发行的项目(见图 7.3)。

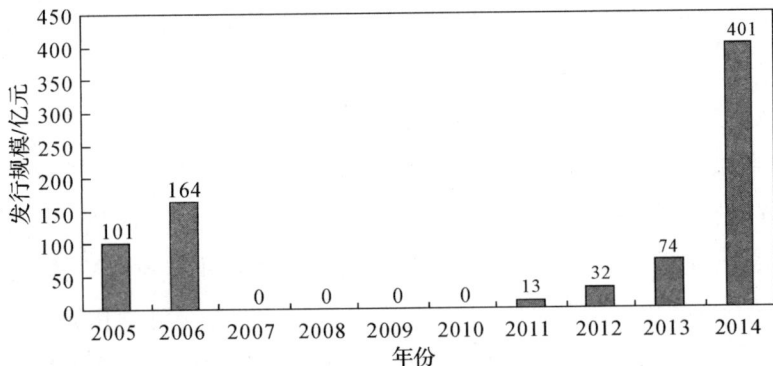

图 7.3　企业资产证券化历年发行规模

数据来源:Wind 资讯及中金公司中国宏观专题报告 2015 年 2 月 9 日。

2015 年正式进入备案发行以来,企业资产证券化发展进一步提速。据证券投资基金业协会公布的数据,2014 年 12 月到 2015 年 6 月,全国累计备案 56 只

① 数据来源:Wind 及财富证券。

资产支持专项计划,产品规模约 522.66 亿元①。在已备案的资产支持专项计划中,以融资租赁资产、小额贷款和公共事业收费权作为基础资产的三类专项计划,在数量和规模方面均占比较大。到 2015 年 10 月,航空公司 BSP 票款债权、酒店会展物业收入、股票质押式回购债权、住房公积金贷款等为基础资产的企业资产证券化产品都已经完成了首次发行,市场中资产证券化产品的基础资产类型不断拓展和创新(见表 7.1)。

表 7.1 2015 年上半年备案情况

基础资产种类	产品数量	发行规模(亿元)	规模占比(%)
公用事业收费权	14	136.45	25.91
融资租赁资产	18	148.03	28.11
小额贷款	14	82.41	15.65
经营性资产收益权	1	20.5	3.89
信托受益权	3	49.53	9.40
商业物业收入	1	43.95	8.35
企业应收款	2	41.41	7.86
其他	1	4.38	0.83

数据来源:证券投资基金业协会网站。

7.2 舟山运用企业资产证券化的前景分析

7.2.1 运用企业资产证券化是满足舟山基础设施建设投融资多元化的需要

2010 年以来,随着国家《关于加强地方政府性债务管理的意见》(43 号文)的实施,政府基础设施投资建设传统融资渠道,如银行贷款、信托和发行债券等受到很大限制,探索拓展新的融资渠道或参与融资方式成为政府及国资平台公司需要面临的问题之一。其中,资产证券化不失为一种新的破解方式。学术界在探讨了我国开展资产证券化几种主要的可选择资产,认为基础设施资产比较

① 数据来源:2015 年上半年资产证券化备案监测报告(2015 年 6 月)。

适合我国的经济和制度环境(阮青松、周隆斌,2003),并通过分析介绍各类国资公司设立 SPV 的模式风险和收益情况(戴晓凤等,2006)。尽管监管层对以政府为债务人的基础资产有限制,但是只要选择好基础资产、做好资产整理包装以及资产证券化交易结合安排等工作,资产证券化仍然可以运用到政府投资建设项目中去,特别是公用事业项目,从而实现对现有政府资产的盘活融资。

7.2.2 运用企业资产证券化是舟山盘活涉海资产的需要

一是舟山涉海经济比重高,涉海资产规模大,适合开展资产证券化。舟山拥有丰富港口岸线资源,这些资产需要进一步盘活。二是受行业周期和信贷政策的影响,舟山船舶修造、航运等重点行业企业的融资能力受到限制,但部分涉海资产仍然有稳定的现金流入,利用资产证券化,可以缓解这方面的限制。三是前些年来舟山开展了大量的基础设施建设,目前部分基础设施进入了稳定收益期,可以探索运用企业资产证券化提前变现这些资产。

7.2.3 企业资产证券化的优势特点有助于舟山进一步提升直接融资规模

一是突破融资瓶颈。由于资产证券化主要是对基础资产有要求,对企业的财务指标没有过多要求,这就使得有发债障碍或者资产负债率过高的企业,可以通过资产证券化进入资本市场。二是优化财务状况。资产证券化可以增强企业资产流动性,优化企业资产结构,也可增加资产出售收入、服务费收入等。三是降低融资成本。基础资产的信用状况与发起人的信用状况相互独立,这就使得企业通过资产证券化可获得高过企业的信用评级,从而取得更低的发行成本。

7.2.4 企业资产证券化的快速发展为舟山企业提供了发行机遇

一是由于企业资产证券化采用备案发行的制度,发行相对而言更为简便,发行时间较短,特别是 2014 年监管方式转为备案制以后,证券交易所大力推进该项业务。二是备案发行量快速增加,显示市场对企业资产证券化的需求大。截至 2015 年 10 月底,证券投资基金业协会备案的企业资产证券化产品达到了99 单[①],较上半年增加近一倍。随着发行品种不断增加,市场对中长期非标资

---

① 数据来源:证券投资基金业协会网站。

产的需求大,预计未来企业资产证券化的规模会快速增加。三是基础资产的范围不断扩大。随着保障房建设项目资产证券化、PPP 项目融资、林权收益权、票据类资产、信托受益权等新的品种不断产生,以及商业地产资产证券化的推进,未来新型的基础资产将不断涌现。

7.3 舟山运用企业资产证券化的思路

7.3.1 企业资产证券化核心问题是基础资产的选择和发掘

(一)基础资产的定义

根据《证券公司资产证券化业务管理规定》对基础资产作为明确定义:是指符合法律法规规定,权属明确,可以产生独立、可预测的现金流且可特定化的财产权利或者财产。在基础资产选择过程中需要把握如下原则:一是基础资产是否拥有稳定、独立、可预测的现金流,这是选择基础资产的重要基础;二是基础资产能否特定化、清晰识别,能够与原权益人即融资企业的其他资产明确区分开来,这决定了基础资产选择可操作性;三是基础资产必须能够转让,没有担保物权等其他权利限制。

(二)基础资产的负面清单

在基础资产发掘过程中,应注意规避证券投资基金业协会规定的基础资产负面清单。根据《资产证券化业务基础资产负面清单指引》,以下资产不能作为基础资产:一是以地方政府为直接或间接债务人,以及以地方融资平台公司为债务人的基础资产,PPP 项目除外;二是产生现金流的能力具有较大不确定性的资产,如土地出让收益权等;三是因空置等原因不能产生稳定现金流、待开发或在建比超过 10% 的不动产或不动产收益权,保障房项目除外;四是不能直接产生现金流、仅依托处置资产才能产生现金流的基础资产,如提单、仓单等;五是以上述资产为最终投资标的的信托受益权。

(三)基础资产的创新思路

根据目前的负面清单,相关政策对地方政府通过资产证券化开展基础设施投资融资活动形成了一定限制,特别是纯粹依靠政府财政补贴的基础设施项目。这就要求地方政府在运用过程中要特别注意,一方面要规避地方融资平台公司的限制,对部分有稳定可预测的现金流项目要提前规避,不能打上政府为债务人的标签;另一方面,要开展创新,进行资产组合,对标的资产进行特定化处理,嵌入其他融资工具或者金融创新产品,转化基础资产属性,转换资产证券化对象。当前,监管层鼓励进行基础资产种类创新,除了常规基础资产类型之外,市场上其他新型的资产也不断开展资产证券化活动。

7.3.2 舟山运用企业资产证券化的思路

舟山要发挥好企业资产证券化这一融资渠道,必须要从舟山自身情况和实际需要出发,发挥舟山涉海资产和新区建设的优势特点,根据基础资产的创新思路,着力为解决舟山发展企业资产证券化的核心问题,即做好基础资产的选择和发掘,创造必要条件和优良环境。我们提出如下具体思路:

一是新区开展资产证券化应该利用舟山海洋经济的特点,不断发掘涉海资产,拓展基础资产范围,将港口资产、海洋交通运输、海洋旅游、涉海租赁、涉海基础设施等进行资产证券化,同时鼓励舟山企业根据自身需要和特点,对接企业资产证券化融资渠道。

二是根据新区投资建设需要,重点开展基础设施资产证券化,不断拓展新区大型投融资项目运用企业资产证券化的新型融资手段,进一步挖掘潜在基础资产,提升基础设施资产证券化比例,将企业资产证券化作为补偿原有融资方式有力手段。

三是坚持创新和务实并用,既要根据基础资产负面清单,坚持把握资产选择和发掘的底线思维,也要运用创新思维,拓展运用企业资产证券化的新渠道,把握基础资产创新的热点和领域,合理嵌入融资工具,有效规避监管风险。坚持优化资产证券化发展环境,提供有效的政策支持,为企业对接运用资产证券化创造良好条件。

7.4 舟山运用企业资产证券化的对策建议

7.4.1 创新推进基础设施建设资产证券化

第一,稳步开展公用事业板块的资产证券化。

公用事业主要指城市供水排水、供电、供气、供热、电信、公共交通、污水处理、垃圾处理等行业。它们的特点是：一是整体投资规模庞大，建设周期长，资金回收期长；二是属于自然垄断行业，能够产生稳定、可预测的现金流。因此非常适合通过资产证券化进行融资。

近年以来，备案发行了很多公用事业资产证券化产品，其基础资产包括了供热收费权、热电收费收益权、天然气收费合同债权、污水处理收费权等。目前，新区的国资企业中符合上述资产特点主要是水务集团的污水处理及大陆引水收费、蓝焰公司管道煤气收入等，建议将上述资产进行处理后开展企业资产证券化。

第二，探索开展公用事业租赁资产证券化模式。

公用事业租赁资产证券化模式分两步走：第一步是通过售后回租的方式将公用事业资产转换到融资租赁债权，即由政府通过文件将道路管网等基础设施资产划拨给国资公司，国资公司与融资租赁公司以售后回租方式进行融资租赁；第二步是融资租赁公司将租赁合同债权及相关权益转让给资产支持专项计划作为基础资产，专项计划投资者的收入来源于基础资产。

采用这样方式，可以将难以直接资产证券化的部分基础设施转化成有成熟模式、在市场上占比较高的融资租赁债权资产证券化，也即是把融资租赁公司作为一种资产证券化的通道。由于以售后回租方式开展政府基础设施融资的业务规模并不小，是目前地方政府投融资方式的一种补充，在部分地区较为流行。舟山市海洋租赁公司就开展过类似政府基础设施售后回租业务。建议舟山市运用这种租赁债权资产证券化，将部分通过售后回租实现的基础设施融资资产盘活，成为舟山市基础设施融资的一个现实选择。

第三，发展基础设施信托受益权资产证券化。

对于正在建设期的基础设施资产，尽管在建成后会有稳定的现金流入，也符合资产证券化的要求，但由于在建设期，无法直接将基础设施资产通过证券化方式融资。针对这种情况，可以先嵌入一个融资工具，再开展资产证券化。

我们可以将处于建设期基础资产的未来收益设立信托，再将信托受益权作为基础资产开展资产证券化，也即将基础设施未来受益权转让给资产支持专项计划，资产支持专项计划以基础资产的收益作为支持，发行资产支持证券。学术界通过分析特定目的信托在我国的适用性，认为特定目的信托模式从法律角度上在我国具有较强的可操作性，成为构建基础资产和资产证券化产品之间的有效通道(王勇、赵金鑫,2015)。

从实际价值角度考虑,这种操作模式可以有效延长融资期限,降低投资建设企业的资产负债情况,一定程度节约了融资成本。相较于以后银行贷款或其他方式,资产证券化有效化解了建成以后的贷款偿还问题,将建设融资和后续经营相结合,而且可以通过资产证券产品在交易所挂牌从而缓解了 BOT 或PPP 没有的流动性问题,允许投资者提前退出或变现。

7.4.2 鼓励支持推动房地产资产证券化

一是把握房地产相关资产证券化机会。

随着资产证券化业务的加快发展,与金融资产关系紧密的房地产也逐渐迎来资产证券化机遇。类似于美国资产证券化,其 MBS(抵押资产证券化)占其资产证券化总量的比例较大,中国未来房地产资产证券化规模也将快速增加,尤其结合当前利率市场化环境和金融发展背景,这个趋势将更加明显。

二是鼓励开展房地产信托基金。

所谓房地产信托基金(REITs)是指一种以发行收益凭证的方式汇集特定多数投资者的资金,由专门投资机构进行房地产投资经营管理,并将投资综合收益按比例分配给投资者的一种信托基金。国内的 REITs 的发展受到法律基础、登记制度、税收政策等因素影响,亟需破解这些问题(陈琼、杨胜刚,2009)。

2014 年以来,国内发行了商业地产资产证券化产品,如中信华夏苏宁云创资产支持专项计划等,具有 REITs 特点。由于交易结构较为复杂,概括后简述如下:一是设立私募股权基金,该基金收购苏宁的门店股权并发放贷款;二是私募股权基金将对苏宁门店的债权收益权及基金份额转让给资产支持专项计划;三是资产支持专项计划以债权收益权和基金份额为基础资产,向投资者发行资产证券化产品,专项计划的收益主要来自基础资产产生的净租金收入。

考虑到基础资产的法律合规性问题,资产支持证券并非直接以商业地产的租金和物业增值收益作为基础资产,而是通过设置多层特殊目的载体,形成资产支持专项计划+信托计划(或私募基金)+SPV 公司的结构安排,使得资产支持专项计划间接持有标的资产的租金和物业增值收益。建议新区探索运用这种资产证券化,盘活现有商业地产,推动舟山市房地产业的平稳发展。

三是鼓励开展住房公积金贷款资产证券化。

2014 年以来,舟山不断出台支持房地产的各项政策。2015 年舟山市提升个人住房公积金贷款规模后,公积金存贷比快速增加,为缓解这个问题还推行了个人住房公积金贷款"公转商"业务,即由公积金中心对商业贷款与公积金贷款利息差额进行补贴。考虑到公积金资金的紧张程度,建议支持开展住房公积金贷款资产证券化。

目前,公积金贷款资产证券化已有先例,如武汉、常州等地进行了试点。但住房公积金贷款资产证券化推动过程需要解决政策依据、成本、提前偿付及时效问题等(卢海、许珂,2014;李飞,2015)。特别由于公积金贷款利息低于商业贷款,因此其资产证券化产品收益率不高。武汉发行的公积金资产证券化票面利率为5.01%,高于公积金贷款利率。随着利率市场化的深化,在当前降息和流动性相对充裕的环境下,这个问题将会逐步得到缓解。建议在公积金贷款资产证券化的过程中,通过结构设计,参照"公转商"贴息政策,对公积金贷款资产证券化产品提供利息补贴。

7.4.3　引导涉海资产证券化

首先,支持融资租赁资产证券化。融资租赁资产证券化是企业资产证券化的重要组成部分,这和融资租赁资产特点非常适合开展资产证券化有关。目前,资产证券化已经成为融资租赁公司重要的融资渠道。2015年舟山市海洋租赁成功发行了全省首单租赁资产证券化。未来在进一步加深融资租赁公司对海洋经济的支持力度同时,支持融资租赁公司持续开展资产证券化,为其资产证券化产品创新提供有力支持,充分发挥融资租赁公司在涉海资产与资产证券化融资之间的桥梁作用。

其次,积极探索推进涉海基础资产创新。一是探索开展海域使用权、岸线等涉海资产的证券化,尤其是对能够产生持续现金流的资产,大胆创新,破解发行障碍。做好前期研究工作,对涉海资产进行深入分析,为基础资产创新打下基础。二是鼓励创新,积极推进优势涉海资产的证券化。如旅游资产和财产收益权,通过嵌入融资工具和金融产品,将拥有现金流的资产包装成符合资产证券化要求的财产或财产收益权。如航空公司票款资产证券化,将航空公司飞机票,通过形成应收账款债权的方式,成为资产证券化的基础资产,可以为新区所借鉴。

最后,积极探索参与不良资产证券化。不良资产证券化对我国而言属于新型的资产证券化类型,有研究者认为在我国资产证券化不断推进的环境下,发展不良资产证券化具有可行性和必要性(沈炳熙、马贱阳,2007)。近年来,受行业周期和经济形势的影响,舟山市金融机构不良率持续上升,产生较大规模的不良资产。随着我国银行机构不良资产规模的不断增加,国家将逐步开展不良资产证券化的试点。鼓励舟山市银行机构加强与资产管理公司合作,积极争取将不良资产进入资产证券化基础资产池。进一步优化舟山市法律环境,加快不良资产处置力度,为不良资产证券化提供良好环境。

7.4.4 探索互联网资产证券化

近年来,网络金融发展迅猛,依托网络数据库,基金、信贷均有着对传统模式突破性发展。2013 年,东方资管——阿里巴巴 1 号至 10 号专项资产管理计划获批发行,该产品将阿里巴巴金融的互联网小额贷款作为基础资产发行资产证券化产品。此后,随着资产证券化的快速发展,互联网金融平台也积极参与其中,开始推行资产证券化受益权转让模式,参与资产证券化二级市场构建和交易。目前,部分互联网金融平台也利用自身优势,直接推动发行资产证券化产品。将互联网金融平台形成的互联网贷款等资产通过资产证券化实现资产转让。据悉,"爱学贷"分期消费金融公司即将在浙江产权交易所发行名为"透明 ABS"的资产证券化产品,与传统的资产管理不同,该产品对投资人全透明的。与 P2P 相比,该产品实际上将网络个人贷款进行打包处理后出售给投资者,而不是个人对个人的网络贷款。

由于互联网金融飞速发展,不仅互联网融资方式不断创新,如 P2P、众筹等,而且互联网金融平台集聚大量资金,成为资金需求方和融资方式之间的中介,并逐步了形成了市场。同时,互联网金融的监管相对滞后,为各种金融产品的创新提供了更为宽松的环境。这给通过互联网发展资产证券化提供了机遇和实现途径。尤其是融资租赁资产与互联网资金的对接,以及保理、票据融资、应收账款融资等,通过互联网金融平台实现了资产的转让,实际上是资产证券化的一种方式。舟山应积极利用互联网金融平台,在风险可控的前提下,鼓励中小企业将通过互联网金融平台开展资产证券化创新产品的融资,拓展中小企业融资渠道。

7.4.5 进一步优化资产证券化环境

一是加强政府支持力度,提升运用资产证券化的意识。资产证券化作为一种新型、重要的融资手段,将是我国未来快速发展的融资渠道。运用资产证券化必须进一步加深对其的认识,把握核心理念和运作手段。随着资产证券化市场的发展,各种类型的资产证券化将成为化解地方政府债务风险的有效途径之一,不仅是现有银行贷款、发行各类债券等融资手段的补充,本身也是这些传统融资方式的重要替代。地方政府应出台扶持政策,加大对资产证券化业务开展的支持,鼓励国资企业、重点企业运用资产证券化。

二是建立政策服务机制,推动资产证券化项目落地。资产证券化是一项综合性很强的业务,它涉及法律、会计、税收、担保、评估等多领域的业务范畴,当前存在着法律制度、会计及税收政策制度障碍,因而需要加强配套市场环境的建设(孙奉军,2001)。基础资产的真实销售和风险隔离是资产证券化的核心,但由于目前我国会计、税收、法律等方面的限制,实现真实销售的资产证券化产品少之又少,目前发行的产品,如租赁租赁债权等资产证券化,很难实现真实销售和资产出表,实际上是带抵押物或提供担保的长期借款。由于资产证券化在我国的发展仍然面临着税收方面的障碍(何小峰、宋芳秀,2001),新区应该加强财税政策的支持力度,对基础资产转让涉及的税收提供必要的奖励返还,对涉及各种登记制度提供必要创新支持,降低资产证券化的成本,破解不必要的制度障碍。

三是进一步优化发展环境,推动资产证券化可持续发展。积极支持融资租赁及信托业务在舟山发展,坚持服务型政府理念,破解业务发展的政策障碍,为新区资产证券化提供良好的基础资产挖掘和选择的环境。进一步优化司法环境,提供公平、有效的法律服务,发挥政府的合理协调作用,为各类资产证券化业务创新提供支持。进一步优化各类登记制度,如海事登记、渔船登记,给予特定目的公司(SPV)金融机构待遇,允许开展各类抵押等登记活动。进一步优化税收政策制度,合理税负,支持资产证券化业务的持续开展和业务创新。

参考文献

张明,邹晓梅,高蓓.中国的资产证券化实践:发展现状与前景展望[J].上海金融,2013(11).

张明,邹晓梅,高蓓.美国资产证券化的实践:起因、类型、问题和启示[J].国际金融研究,2014(12).

孙奉军.我国资产证券化的现实思考与路径选择[J].财经研究,2001(9).

阮青松,周隆斌.资产证券化在我国的突破口选择与操作策略研究[J].科学与科学技术管理,2003(10).

何小峰,宋芳秀.对资产证券化税收制度安排的博弈论分析[J].经济科学,2001(6).

戴晓凤,伍伟,吴征.我国基础设施资产证券化变通模式的分析与选择[J].财经理论与实践,2006(140).

陈琼,杨胜刚.REITs发展的国际经验与中国的路径选择[J].金融研究,2009(9).

王勇,赵金鑫.特定目的信托模式:我国资产证券化的可行选择[J].南开学报,2015(5).

沈炳熙,马贱阳.关于我国开展不良资产证券化的几点认识[J].金融研究,2007(12).

卢海,许珂.住房公积金信贷资产证券化问题思考[J].经济论坛,2014(1).

李飞.对住房公积发展资产证券化的思考[J].中国房地产,2015(19).

孙彬彬,周岳.城投公司与资产证券化[N].招商证券资产证券化市场双周报,2015-9-9.

刘鎏,边泉水,梁红.中国资产证券化爆发式启动.中金公司中国宏观专题报告,2015-2-9.

Leon T. Gardener. A Primer on Securitization[M]. Cambridge：The MIT Press. 1986：107－109.

Bhattacharya A. ，Fabozzi F，Asset-backed securities[M]. New York：Frank J Fabozzi associates. 1996.

课题组成员:林仙云、胡莹、刘胜海、韩乃谦、刘洋

8 舟山市防范和化解区域"两链风险"的研究

【摘 要】 在宏观经济下行、国际航运市场不景气、房地产交易低迷等多重因素的影响下,企业资金链和担保链断裂的风险持续发酵,"两链风险"已成为社会各界普遍关注的问题。在对舟山市区域"两链风险"进行深入调查的基础上,通过区域企业两链风险个案分析,本章探索了舟山市区域"两链风险"的风险点和传导途径,为防范和化解"两链"风险、全力支持实体经济发展、维护良好金融生态环境提出了对策与建议。

【关键词】 舟山市;两链风险;基本动因;典型特征;应对对策

自 2008 年起,由于资金链和担保链断裂所引发的企业成片危机,在民营经济发达的地区,尤其是浙江省时有发生,有关"两链风险"的问题也逐步引发学界的关注。目前对于"两链风险"的研究主要集中以下三个方面:一是对于"两链风险"成因及危害的研究。杜权等(2010)通过实地调查发现浙江省担保现象十分普遍,担保链上的一家企业因银行债务问题会连累担保链上的其他企业,引发其他企业陷入财务危机甚至破产。吕江林等(2010)分析了 2008 年发生在绍兴担保链危机,阐述了担保链危机可能成片企业破产的多米诺骨牌效应。吕劲松(2015)对担保链的风险点、产生原因和传导机制进行了较为深入的分析。二是有关"两链风险"传染机制的研究。张乐才等(2013)无尺度网络理论的视角对企业资金担保链的传染机制进行了研究。张泽旭等(2012)则建立担保链危机传染模型,分析了担保链危机的传染过程。三是有关如何化解"两链风险"的研究。侯明(2013)、江衍妙(2014)等分别从切断互保链、建立信用担保体系等方面提出了防范和化解担保链风险的对策。与浙江省其他地区相比,舟山市"两链风险"在传导路径、基本特征、发生原因等方面有其特殊性,对于"两链风险"的研究尤其必要性。

8.1 舟山市"两链风险"的基本判断

8.1.1 "两链风险"问题的提出

"两链风险"指的是资金链和担保链断裂所引发的区域性金融风险。在经济下行压力加大的背景下,部分企业资金周转困难,企业担保互保链条断裂,给区域经济发展和金融秩序带来巨大的负面影响,甚至存在演化为区域性金融风暴的风险。"风险两链"源于企业资金链的断裂,但风险的传播及扩展则在于企业之间互保联保、错综复杂的担保链。互保联保是我国担保体系不完善条件的一种制度创新,在经济上行周期能够增强银行对小微企业的信贷支持,提高小微企业融资的可得性,但在经济下行周期中,担保链条中单个企业的贷款违约,容易引发担保链的风险多米诺骨牌效应,甚至成为区域信贷危机的导火线。尤其是当互保联保从小微企业发展到中型甚至大型企业后,这种风险进一步集聚和放大。

8.1.2 舟山市区域"两链风险"的基本判断

舟山市经济具有典型的外向型经济特征,以 2013 年为例,全市经济外向度①高达 1.25,远高于浙江省 0.683 和全国 0.457 的水平。受国际航运市场低迷以及宏观经济下行的双重影响,域内船舶、海运、房地产等支柱行业企业经营效益持续下滑、资金链紧张,担保链风险加剧,区域"两链风险"处于相对高位。一方面,舟山市企业融资渠道过度依赖银行贷款,加大了出现"两链风险"的可能性。抽样调查显示,调查的工业企业中只有 4.85% 的企业已利用资本市场直接融资,剩余 95.15% 的企业中,只有 12.62% 的企业表示有利用资本市场进行融资的打算,82.52% 并无利用资本市场进行融资的打算。由此可见,全市工业企业融资渠道少,主要依赖于银行借(贷)款。也正是由于市场直接融资缺乏,对于银行借款的过度依赖,从而导致"两链风险"的可能性增加。另一方面,由

---

① 经济外向度又称为外贸依存度,是指一个国家或地区的对外贸易总额占国内(地区)生产总值(GDP)的比重,它反映一个国家或地区的经济与国际经济联系的紧密程度,是衡量一个国家或地区开放型经济发展规模和发展水平的宏观指标之一。

于对于国际市场的依赖程度高,在世界经济增长乏力,国际航运业持续低迷的背景下,部分企业"两链风险"不断积累。

8.1.3 舟山市区域"两链风险"的主要风险点与传导路径

通过对舟山市"两链风险"的调研,尤其是对典型案例的分析可以发现,舟山市"两链风险"的发生和传导过程有如下基本特点。第一,服务业企业的两链风险明显高于工业企业。从目前舟山市所处置的"两链风险"问题企业来看,舟山市"两链风险"主要集中在航运业和房地产业,工业企业"两链风险"相对较小,主要集中在造船工业。第二,区域"两链风险"以"资金链"风险巨大。抽样调查显示,2015 年三季度企业经营指数为 43.87,远仍低于 50 的荣枯线。同时,63.11%的企业反映存在融资缺口,"两链风险"仍持续上升。第三,相对而言,舟山市"担保链"风险低于周边其他地域。从目前舟山市目前所处置的"两链风险"案例以及备案存在两链风险隐患的企业来看,较少涉及复杂的担保关系。而长三角及浙江省其他地域,"关联企业、上下游企业、生产密切型企业"之间,形成了"线、环、网"并存联结方式,因而"两链风险"表现为"片状"或"块状"风险;相对而言,舟山市企业之间上下游关系、关联关系相对较弱,融资担保链相对较短。

8.2 舟山市区域"两链风险"形成的动因与特征

8.2.1 区域产业过度集中加剧了"两链风险"的危害性

舟山市区域经济的一个典型特点就是产业过度集中。从工业经济行业集中度来看,2013 年舟山市工业行业集中度最高,排名前三的三大行业工业产值占比达到 71.66%,其中交通运输设备制造业(以船舶修造业为主)占工业总产值的 44.41%,甚至于高于宁波、丽水前三大工业行业集中度(见表 8.1)。从服务业行业集中度来看,2013 年,舟山市交通运输、仓储和物流业以及房地产业两大产业营业收入占全部服务业的比重高达 80.8%,也远远高于其他城市。

舟山市区域经济的核心产业均是易于出现"两链风险"的产业,其中交通运输设备制造业(以船舶修造业为主)和交通运输、仓储和物流业(以海运业为主)

受国际航运经济不景气的影响,企业经营环境持续恶化;房地产业由于受近年来房地产市场价格、供求关系等因素的变化的影响,所集聚的"两链风险"也在不断加大。由此可以看出,由于区域经济产业集中度过高,一旦核心产业出现"两链风险"并且蔓延,将对全市经济产生巨大而深远的影响,从这一层面看,舟山市"两链风险"的危害性和破坏性甚至要高于其他地域。

表 8.1   2013 年舟山市工业经济产业集中度分析

城市	工业总产值（亿元）	工业主导行业	行业总产值（亿元）	总产值占比（%）	前三大行业集中度（%）	前五大行业集中度（%）
舟山	1333.56	交通运输设备制造业	592.23	44.41	71.66	78.67
		农副食品加工业	205.88	15.44		
		化学原料及化学制品制造业	157.56	11.81		
		石油加工、炼焦及核燃料加工业	49.23	3.69		
		专用设备制造业	44.18	3.31		
宁波	13010.0	石油加工、炼焦及核燃料加工业	1612.1	12.39	35.22	48.33
		电气机械及器材制造业	1538.5	11.83		
		化学原料及化学制品制造业	1431.3	11.00		
		电力、热力的生产和供应业	897.3	6.90		
		计算机、通信和其他电子设备制造业	808.62	6.22		
丽水	1793.4	黑色金属冶炼及压延加工业	368.75	20.56	41.50	55.33
		金属制品业	239.56	13.36		
		通用设备制造业	136.00	7.58		
		化学原料及化学制品制造业	133.2	7.43		
		橡胶和塑料制品业	114.7	6.40		

资料来源:根据《舟山统计年鉴》(2014 年)、《宁波统计年鉴》(2014 年)、《丽水统计年鉴》(2014 年)计算整理而得,统计口径为"规模以上企业"。

8.2.2   企业间债务、担保关系易形成"链式反应"

互保联保作为增信的重要方式,在国内兴源于农业银行针对农户缺少抵押物而推出的贷款方式。2006 年前后,国内的一些商业银行将此种贷款模式广泛应用于中小企业担保,在长三角、珠三角等民营经济发达的地区,互保联保的贷款模式尤为盛行。浙江企业的"抱团"文化孕育了发达的担保链,依靠企业间关系网络获得融资是民营企业创业期和发展期的重要融资形式。尽管舟山市企业互保联保关系不如温州、萧山、宁波等地复杂,但一家企业的资金链断裂依然产生由点及面的蝴蝶效应,能够引发大批企业的连锁巨额代偿风险。与此同时,企业间的债权债务关系也可能会因为某一企业资金链断裂而引发"链式反应"。

8.3　舟山市防范和化解区域"两链风险"的模式与经验

在防范和化解过程"两链风险"中,舟山市结合地方实际,探索和积累了一系列具有推广意义的经验与做法。

8.3.1　重点企业专项帮扶模式

针对涉及面广、情况复杂、无法维持正常运营的企业,组建一对一专项帮扶解困小组进驻企业,设立重点企业专项帮扶资金,规范企业内部运作,维持企业日常运营,增强企业自救信心。定海某航运企业就是采用重点企业专项帮扶模式的典型代表。

该航运企业是一家主营国内沿海干散货运输及第三方物流的民营企业,注册资本 2.36 亿元人民币,主要资产包括 25 艘船舶(50 万吨运力)、房产土地和在建工程。受航运市场持续低迷的影响,该企业及其关联公司资金链断裂,无法维持正常的生产经营,不能偿还到期债务,涉及债务 32 亿元,于 2014 年 6 月 20 日申请重整。该企业刚进入司法重整程序,经舟山市政府协调,组建专项帮扶化解小组进驻企业,设立重点企业专项帮扶资金,维持企业稳定。同时市、区财政各发放 5000 万元的救助资金,帮助企业稳定过渡,妥善解决企业资金链紧张难题。

8.3.2　"预重整"企业风险处置模式

所谓"预重整(Prepack)"这个概念产生于美国破产法实践,"预重整"制度是庭外重组模式基础上附加一定的强制性规制手段的重整模式。在"预重整"风险处置过程中,为最大限度保护债权人和其他利害关系人的合法权益,妥善处置企业风险,由政府牵头,成立专项工作机构,编制风险处置专项法律工作机构公开择选方案,择定风险处置专项法律工作机构,在企业风险处置阶段,具体负责推进企业破产预登记及其他法律事务工作。

在定海某造船风险处置过程中,舟山在全国率先探索使用"预重整"风险处置方式。该企业注册资 1 亿元,主要从事船舶设计与修造、船舶技术咨询、海洋工程装备设计、制造等业务,涉及债务 20 亿元左右。2015 年年初,区政府成立企业及关联企业风险处置工作组,确定风险处置专项法律工作机构,负责推进相关工作。截至目前,已完成重组债权债务预登记,债权债务核查清理工作。企业于 2015 年 6 月 30 日进入司法重整程序。

8.3.3 资产管理公司参与下的危机企业重组模式

通过引入资产管理公司参与危机企业重组。与中国华融资产管理有限公司签订战略合作协议,明确双方合作的范围、联系机制、责任等事宜,并推动华融资产管理公司与危机企业签订债务重组协议,为危机企业提供"救助性"金融服务,实现危机企业不良资产的整合、非核心资产处置和业务流程的再造。

明生集团前身为明生投资有限公司,2007 年 9 月成立,注册资金 8000 万元,主要经营批发业、酒店业、酒业制造、出租车业、远洋捕捞业、房地产业六大行业,总资产 23.84 亿元。舟发集团有限公司注册资本 1 亿元,主要经营批发业、工业气体制造、基金投资、股权投资、外商项目投资,总资产 5.67 亿元。上述两家集团实际控制人为兄弟两人,涉及 10 多家银行,金额 22 亿元。目前,我们已引进中国华融资产管理有限公司,成立明生舟发集团危机处置协调工作小组,有序推进明生舟发集团危机处置工作。

8.4 新形势下防范与化解区域"两链风险"的对策建议

目前,舟山市区域"两链风险"依然面临较大的压力,两链风险的防范和化解既要强化企业内功,提升内部治理能力,同时也需政府、银行等相关部门的共同努力,并在实际工作中不断创新工作机制,才能从根本上破除两链风险。

8.4.1 政银企积极配合形成合力

政府职能部门要加强督促和业务指导,做好牵头、协调和配合等各方面工作;企业要加强与金融机构的沟通与对接,积极落实重点项目对接、困难企业增贷、化解担保链、降息及调整贷款期限等方面政策;金融监管部门协调落实转续贷和分类增贷的对接工作,落实政府增贷配套措施,为企业增贷和担保链化解提供有力增信支持。着力于建立政银企风险应急联动协调机制,对于重点帮扶对象,成立一对一专项风险处置工作领导组,由政府相关部门和有关债权银行为成员的调查小组,对危机企业生产经营和财务情况进行调查,摸清涉事企业的资产、负债情况,为风险处置决策参考提供依据。

8.4.2　注重"两链风险"的防范

首先,培育和发展贷款保证保险业务。建议按照70%、30%的比例,分别由保险公司和银行分摊贷款损失责任。同时尽快出台贷款保证保险补偿政策,地方财政安排一定的贷款保证保险风险补偿金,对银行和保险公司给予风险补偿。其次,培育和发展融资性担保公司。引进或者组建规模较大、实力较强的融资性担保公司。建议市财政适当安排资金,同时引导民间资金注入,提高其融资担保能力,并积极鼓励融资性担保公司承接企业原有互保联保贷款。再次,出台"政府转贷法",扩大应急转贷专项资金规模,扩大转贷企业范围,切实发挥政府应急转贷资金的作用。最后,加大财税土地政策扶持力度。对于重点帮扶企业,在财政税收、土地政策等方面予以适当支持。合理确定房地产抵押价格,有效提高企业融资能力。

8.4.3　创新"两链风险"化解方式

一是引导风险企业兼并重组。出台鼓励兼并重组政策与办法,对企业重组过程中发生企业产权转让涉及的不动产、土地使用权转让行为,不征收营业税;对企业实行承债式并购重组的,根据并购重组企业的地方贡献给予奖励。二是注意"熔断"风险传导链。在科学分类前提下,对不同出险企业还采取政府转贷、差额担保、调整抵质押,或者资产重组、破产重整等方式,同时进一步加大不良资产的剥离和处置力度,力求切断"互保链"的恶性延展等措施隔离风险,采用维持存量、推动转贷等方式缓解风险,斩断"担保圈"链条,避免风险蔓延。三是创新企业风险处置模式。更加实际情况,创新"救助性"金融服务和"企业重整"处置模式。舟山市某造船企业"预重整"风险处置就是一次有益的尝试与创新。

8.4.4 强化"两链风险"分类处置

全面掌握区域内危机企业信息,对危机企业的帮扶实行分类处置。对于暂时没有风险,但存在隐患的优质企业实施重点保护;对于已经存在风险并向政府申请帮扶的企业,设置专项风险处置工作领导组,根据实际评估情况,采用政府转贷、差额担保等方式重点帮扶;对于企业的资产已经严重不能覆盖其债务的资不抵债类企业,则推荐其走司法程序,比如推荐其尽快处置资产,降低债务或破产重整;最后是严厉打击恶意转移资产,故意不还银行利息的行为,掌握企业信息,配合公安部门依法追究刑事责任。

参考文献

杜权,郑炳蔚.对当前浙江企业担保链问题的思考[J].浙江金融.2010(6).

吕江林,郑丽莎,童婵.后金融危机背景下商业银行担保圈风险管控策略探析[J].武汉金融,2010(8).

吕劲松.担保链贷款风险分析[J].中国金融.2015(6).

张乐才.企业资金担保链的联接特征与风险传染——基于无尺度网络理论的视角[J].江淮论坛.2013(5).

张泽旭,李鹏翔,郭菊娥.担保链危机的传染机制[J].系统工程,2012,30(4).

侯明,曹轶.中小企业信用担保体系的构建——基于浙江担保链风险的在思考[J].浙江金融.2013(9).

江衍妙,邵颂红.中小企业信贷担保链风险防范与化解的对策研究——以温州市中小企业的实地调研为例[J].浙江金融.2014(5).

舟山市发展和改革委员会.2015年三季度舟山市工业企业问卷调查分析[OL].http://www.zhoushan.gov.cn.

王去非,易振华.浙江担保链风险现状、传染机制及产生原因研究[J].浙江金融,2012(12).

课题组成员:夏元沪、王光

9 探索岱山县金融支持海洋经济发展的路径

【摘　要】　本章详细介绍了岱山县海洋经济现状及金融支持的问题,认为金融在支持岱山县海洋经济中存在银行信贷资金对海洋经济发展的支持力度不够、金融创新滞后等一系列问题,并以县域实际情况,抢抓海洋经济发展机遇,提出加快金融服务创新,推动区域产业集群优化整合、积极利用资本市场,推动发展直接融资等措施,对切实提高金融支持海洋经济有着重大意义。

【关键词】　海洋经济;金融支持;现状;举措路径

国内外很多学者对海洋经济对国民经济的影响及海洋开发中金融支持问题进行了研究。张杰等(2003)指出,无论多么合理的经济制度都不可能适用于所有的情况,针对不同的产业领域探寻不同的金融支持路径可以降低融资成本,提高资金的使用效率,促进资源的有效配置,引导高技术等生产结构,加快海洋产业发展。Rorhlom(1967)使用投入与产出法研究了新英格兰的海洋产业在经济发展中的地位,Meersmam(2005)研究了资金在海洋经济开发中的投放方向,指出粤西沿海产业带的开发应该和市场化的运行规律相结合,要构建一种以政府财政支持与引导企业社会公众等共同参与、编开发边融资的滚动式融资模式。这些研究成果给本文的研究奠定了坚实的理论基础。

随着海洋产业的不断发展,海洋经济已经成为拉动我国经济发展新的增点,而金融业的支持在海洋经济中起着至关重要的作用。党的十八大强调要着力推进海洋经济向质量效益转变,努力使海洋产业成为国民经济的支柱产业。岱山县作为舟山群岛新区发展的排头兵,拥有丰富的海洋资源,区域优势明显,发展海洋经济条件得天独厚。本章探讨金融支持海洋经济发展的政策措施,根据岱山县海洋经济发展现状,对于充分发挥金融体系作用,提供多元化的融资渠道,为岱山县海洋经济发展提供全方位的资金支持。

9.1 岱山县海洋经济发展现状分析

9.1.1 岱山县海洋经济开发中的优势与条件

岱山县地处舟山群岛中部，县域面积 5242 平方千米，其中海域面积 4916 平方千米，陆域面积 326 平方千米，地处航运枢纽，境内海域广阔，是个海洋资源大县，四大优势比较明显。一是地理区位独特。岱山地处长江三角洲前沿，居中国南北海运航线与长江黄金水道的"T"型交汇处，上海国际航运中心洋山深水港航道穿越县境，锚地设在境内海域，是距离上海国际航运中心洋山港最近的海岛县，衢山港区的小衢山深水岸段距洋山东港区不到 10 海里。二是港口资源优越。具有丰富的深水岸线资源和优越的建港自然条件。全县拥有岸线 717 千米，其中水深超过 10 米、15 米、20 米的可利用岸线分别为 122.05 千米、78.95 千米和 24.6 千米，占全市的 41.72％、39.63％和 22.78％，还有 89.1 千米深水岸线都还没得到充分利用，占全市未利用深水岸线总数的 43.2％；华东地区最好的 3 个深水港资源，2 个在岱山县境内（蛇移门和衢黄港），县域内另有条件良好的深水港址共计 10 余处；全市可通航 30 万吨、40 万吨级的航道基本在岱山县境内，是建造国际一流港口尤其是水水中转港口和发展临港工业的理想选址①。三是海洋资源丰富。岱山县是全国十大重点渔业县之一，年产水产品 33 万吨左右，是著名的岱衢族大黄鱼的故乡；拥有华东地区最丰富的风力资源，建有全省最早的风电场；潮流能资源也十分丰富，建有国家 863 计划"40kW 潮流能电站"，联合动能 9.8 兆瓦潮流能项目成功落户，世界首台 5 兆瓦模块化大型海洋潮流能发电系统示范项目正在建设之中。四是发展空间巨大。通过实施岱山本岛北部、大小鱼山、双子山、樱连门及大小西寨等围垦项目，岱山县将新增约 143.3 平方千米的建设用地，相当于再造一个岱山岛，后续发展空间巨大。

---

① 以上数据来自岱山县情介绍

9.1.2 岱山县海洋经济发展现状

岱山县凭借优越的区位优势和资源优势,在舟山群岛新区建设中占有极其重要战略地位。按《浙江舟山群岛新区发展规划》岱山县是群岛新区探索建立自由贸易(港)区、建设国际物流枢纽岛和陆海统筹基础设施的主战场。自 2009 年开始,岱山县抢抓海洋经济大发展机遇,以打造临港先进制造业基地为主要抓手,县域经济综合实力得到较大提升。

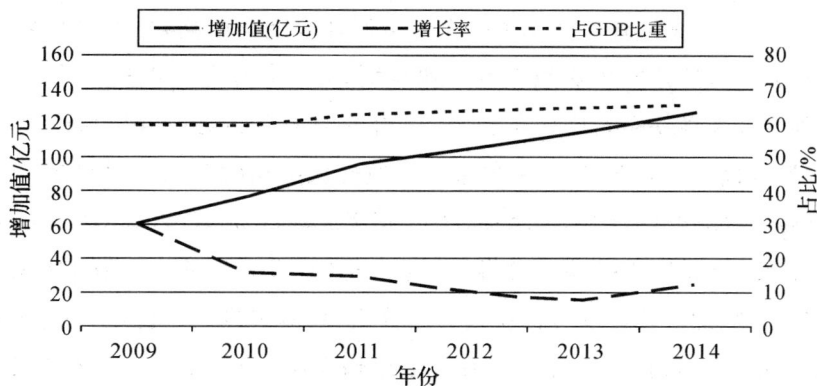

图 9.1　岱山县 2009—2014 年海洋经济增加值、增长率及占 GDP 比重

从图 9.1 中可以看出,近六年来随着整体经济的快速发展,岱山县海洋经济增加值逐年增加,从 2009 年的 61 亿元至 2014 年的 126 亿元,增长了 2 倍,表明海洋经济规模不断扩大;但是增长幅度逐年降低,近六年增速从 30% 降至 12%,表明海洋经济趋向于一个更加合理、更加科学的稳增长态势。在 GDP 占比方面,保持一个相对较稳的态势,总体保持在 60%～65%。[①]

表 9.1　近年来主要海洋行业经济指标

主要指标	2009 年	2010 年	2011 年	2012 年	2013 年	2014 年
渔业总产值 (亿元)	29.68	34.22	43.51	47.69	56.37	59.79
船舶工业总产值 (亿元)	172	239	263	264	264	277

① 以上数字来自岱山统计年鉴 2009—2014 年

主要指标	2009 年	2010 年	2011 年	2012 年	2013 年	2014 年
港口物流吞吐量（万吨）	649	840	1360	2354	3009	3943
海运货运量（万吨）	1848.3	2036.3	2416.4	2751.0	2248.6	2226.3

近年来,岱山县海洋经济主要行业中整体也呈现快速发展的现状,渔业生产值稳中有进,但是渔业生产总值受海洋资源环境变化影响,每年的增速不一,幅度也较大。虽然这两年船舶工业增速放缓,海运货运量也有所下降,但是由于岱山县鼠浪湖岛铁矿石中转项目、黄泽山石油中转储运项目顺利推进,陆域回填、围垦、海堤工程、疏港公路、渔港等实质性大中型建设工程的实施,促进了岱山县港区货物吞吐量的迅速增加,2014 年完成港口货运吞吐量 3943 万吨,比2009 年增长了 6 倍。同时紧紧围绕"一号工程"建设大宗散货集散中心和储备加工交易基地,加快建设综合保税区衢山分区,积极引进大型优质航运企业,引导本地企业整合运输能力,打造江海联运运输船队,着力提高货源本地化运输比例,发展壮大岱山县港口物流业,这将成为岱山县海洋经济新增点。

9.2 金融支持岱山县海洋经济发展现状分析

在经济成分、经济结构多元化情况下,金融部门对海洋经济发展的支持是多渠道的。银行信贷作为岱山县域经济融资的主渠道,贷款投放仍是衡量金融支持力度的一个重要指标。

岱山县金融机构紧抓经济快速发展的良好势头,抓住新区建设机遇,突出海洋经济主线,合理安排信贷资金,截至 2014 年,岱山县各项存款余额 179.40亿元,比 2009 年增加 81.55 亿元;全县各项贷款余额 117.80 亿元,比 2009 年增加 46.95 亿元。金融机构对县域经济的信贷支持力度逐年加大,全县人民币各项存贷款平稳增长。2014 年主要海洋经济下的船舶业、水产业、港口物流业、海运业贷款余额分别为 19.89 亿元、5.24 亿元、7.18 亿元和 5.45 亿元,比 2009

年都有所上升①。金融机构对岱山县海运企业积极采取贷款到期给予续贷、贷款抵押物不缩水、转贷业务尽量缩短放贷时间、降低利率等一系列措施,减轻海运企业的负担和还贷压力。同时辖区各金融机构站在服务舟山新区和岱山县港航物流核心圈建设的高度,发挥着金融在支持项目建设和地方经济发展中的作用,进一步扩大了项目建设参与度,加大了对已落地项目的支持力度。

从上述分析可以看出,岱山县海洋经济总量在逐然增加,但是近年来增长速度逐年降低,仅 2014 年有所回升。虽然金融业在近年来也加大对岱山县海洋产业的投资力度,但仍存在一些不容忽视的问题。

9.2.1　银行信贷资金对海洋经济发展的支持力度不够

信贷市场主要就是指各类商业银行信用为主形成的集存款和贷款与一体的市场。因为银行在经济社会中起着最为关键的作用,因此海洋经济开发中最主要的就是通过信贷市场来融资。一是涉海企业贷款总量偏小。近年来由于岱山县经济发展呈现新的变化,经济转型也将进入新的阶段,金融机构信贷增长逐步回归了常态,信贷持续增长的压力变大。特别是在主要涉海行业中,2014 年贷款余额为 37.76 亿元,比 2009 年仅增加了 4.73 亿元,贷款总量偏小,而船舶工业更是减少了 4.03 亿元②。二是银行对海洋产业信贷投放积极性不高。传统的海洋捕捞业在岱山县是非常普遍的,近年来渔民从事海洋捕捞的经济效益逐渐下降,不少渔民或"弃海经商",海洋经济中传统的海洋捕捞、海水养殖产业等由于存在一些不可预见的灾害风险,固有风险较大,银行对其信贷投放积极性不高,更多养殖业和渔船老大普遍存在民间融资行为。同时海洋新型产业涉及学科多,开发难度大,技术含量高,尤其是海洋高技术产业所具有的高风险、高投入及回收周期长等特点,与银行信贷追求稳定收益的目标存在矛盾,致使金融机构对其望而却步,没有足够的条件大规模支持海洋高技术产业,降低了有关各方投资开发海洋的积极性。

9.2.2　金融创新滞后,增加信贷融资障碍

目前岱山县的商业银行多数仍处于传统经营模式,经营机构不够灵活,金

---

① 以上数字来自岱山县人民银行年度金融形势分析报告。
② 以上数字来自于岱山人民银行年度金融形势分析报告。

融创新意识不强,抵押方式较单一。很多涉海企业将大部分资金投向生产领域,企业在陆地上的固定资产相对较少,获得贷款的有效抵押品较少,难以通过抵押贷款获得银行的大笔资金支持。以岱山县水产加工为例,大部分商业银行对水产品加工企业的贷款持谨慎态度,原因是水产品加工企业的贷款只能以厂房和设备作为抵押物获取,而水产品加工设备抵押率相对较低,一般仅在 25%～60%,从银行的角度看,这种贷款可贷可不贷,由于金融机构对海域使用权等益物权的抵押认识度较低,各类银行对此项涉足较少,海洋资源和海洋金融无法形成良性互助。虽然几年来各金融机构相继推出了商标专用权质押贷款、应收账款质押贷款、在建船舶抵押等各种新的金融产品,但与海洋经济发展的速度相比仍显力度不够,无法满足涉海企业融资等金融业务需要。

9.2.3 资本市场对海洋经济发展的促进作用小

所谓资本市场就是指市场上各类有价证券进行发行以及流通转让的场所的总称,资本市场可以有效地将中长期资金的供求双方链接起来,能够扩宽岱山县涉海企业的融资渠道,实现海洋企业的多元化融资。由于资本市场的高准入要求及其高风险性,使得岱山县涉海企业在资本市场来融资的能力有限,截止目前,岱山县仅有一家"新三板"挂牌企业(环球渔业),还未有在主板上融资的企业,通过发行债券融资的海洋企业还是以国资背景的企业为主,况且数量也不多,众多的民营及中小企业还未能充分利用金融市场实施直接债务融资,可以看出岱山县海洋企业在资本市场上的融资能力薄弱,同时一些新型的融资方式如产业投资基金、私募股权投资等未萌芽。

9.2.4 涉海保险发展不足,金融配套服务缺乏

保险是现代金融的重要支柱之一,是市场经济中风险管理的基本手段,海洋风险的不可抗力性使得保险业的存在具有必要性,特别是作为在舟山群岛新区海洋经济发展中的排头兵,保险业显得尤为重要。

岱山县保险业虽然发展较快,但是保险资金运用不足,收益不高,与资本市场尚未形成良好的互动态势。就目前的实际情况而言,保险业在金融体系和资本市场中受到了严格的监管,保险资金仍然是保障服务海洋经济中的一块短板。同时航运保险产品发展的不均匀、产品缺乏创新、技术和服务体系不完善等因素,在一定程度上也制约了航运事业的发展。此外,缺乏专门化的担保机

构、租赁公司及相关领域内的法律、会计等相关金融配套服务,也是海洋经济发展过程中金融约束的主要体现。

9.3　促进岱山县海洋经济发展的金融路径分析

金融资本是海域开发的核心推动力,其支持作用在海洋经济发展各方面全方位都会有渗透,海洋经济作为岱山县未来经济发展的重要引擎,金融业应该抓住机遇,加大对海洋经济的支持力度,通过多方位、多层次、全覆盖、针对性的多种金融支持路径,采取积极有效的措施,以实现政府投资、信贷市场、资本市场运作等多元化融资策略,推进海洋经济开发,为海洋经济发展提供雄厚的资金保障。

9.3.1　发挥银行作用最大化,加大政府支持力度

银行应转变观念,加大信贷支持力度,拓宽融资渠道。岱山县银行机构应充分认识发展海洋经济的重要性和紧迫性,转变观念,高度重视海洋经济发展战略对自身经营发展带来的机遇与挑战。一是积极创新有利于重大项目建设的融资机制,金融机构应提前对接重大项目的融资安排,制定适合海洋经济产业资金需求特点的贷款期限、利率和偿还方式,尝试建立“递进式”债务还款机制。商业银行应重点满足船舶工业、海洋工程、海洋装备制造业等海洋新型产业的设备投资需求,大力支持海产品进口、农村合作机构和村镇银行应重点满足海水养殖户的资金需求。重点创新抵押担保方式,包括扩大专用设备与合同的抵押范围,提高抵押率;同时针对海水养殖、临港工业、船舶修造业等,积极开展海域使用权、土地使用权、股权、专利权、知识产权、商标专用权、应收账款等抵押、质押贷款业务,提高融资水平。

政府应加大财政扶持力度,发挥财政资金的引导作用。金融支持海洋经济建设,首先政府需发挥财政资金的引导作用,引导社会资金支持海洋产业的发展,进而形成多元化的区域投融资机制。政府要紧密结合整体海洋产业的规划,加大各级财政性建设资金向海洋经济的倾斜力度,对重点海洋产业立项进行补助;努力吸引大公司的基金,投向基础设施建设、滨海旅游项目、海洋开发、海洋高新技术产业等重点领域;提供税收优惠和财政贴息等手段,落实相关配套资金,积极促进推进岱山县海洋经济发展的各种优惠政策。

9.3.2 加快金融服务创新，推动区域产业集群优化整合

发展环境、区域优势、人文理念等相似性使得岱山县海洋经济存在产业结构趋同的问题，由此带来了基于规模化生产和竞争力提高要求的区域产业集群整合的必要性，而目前金融产品单一和金融服务落后限制了优化整合的进程，需要创新金融产品和服务方式，加强产业集群和资本市场对接与合作。一是积极探索开发集合融资平台，有效整合各类金融资源，引导政府、银行、担保、信托、创投和其他社会投资者等多方参与，发展各类债券、股权类融资平台。运用不同金融机构所具有的信息优势和产业培育经验，为海洋经济产业提供市场信息、技术信息等多方面的帮助。二是发展金融租赁业务，建立有利于港口经济发展的融资租赁市场。重点支持船舶工业、海洋工程、海洋装备制造业等港口海洋新兴产品和港口码头建设的设备投资，详尽梳理优惠扶持政策，支持符合条件的金融机构、船舶制造业企业设立金融租赁公司从事船舶租赁融资业务。三是开展海洋经济领域的金融业务创新试点，在信贷规模、机构设置、审批权限、产品创新等方面给予政策倾斜。

9.3.3 积极利用资本市场，推动发展直接融资

积极利用资本市场来直接融资，是弥补海洋经济资金缺口的一条主要渠道，也是优化配置、促进海洋经济快速发展的强大动力。积极引导、鼓励企业进行股份制改造，有效拓展支持重点项目和企业开展直接融资；继续宣传"新三板"、股权交易等适合岱山县经济发展的资本融资形式，推进海洋高新技术企业加入"新三板"扩容试点。搭建证券、投资等机构与企业交流平台，组织企业参加资本融资等相关专业培训，积极推动债权融资，支持符合条件的企业发行企业债、公司债，特别是高收益债权、海洋高新技术可转换债权等，利用好短期融资、中期票据等非金融企业债务融资工具，扩大融资来源，优先推荐区内符合条件的企业发行短期融资券、中期票据、中小企业集合票据等融资工具融资。

9.3.4 探索发展海洋保险业，健全金融服务

在商业保险服务于海洋经济的过程中，政府需发挥积极作用，因为单纯依靠商业性保险难以规避成本收益不对称下生产经营活动的潜在风险。从政府角度给予税收优惠、保费补贴、再保险支持、建立巨灾保险基金等不同形式的政

策和资金支持。积极探索开发物流货物保险、海洋运输货物保险、船舶保险等海洋经济产业类保险,探索构筑与港口物流业发展配套的物流保险保障体系。同时大力建设多元化金融体系,积极引进各类商业银行,创新船舶融资、航运融资、海上保险等金融服务,围绕"国际物流岛",探索发展离岸金融,逐步健全相关金融服务。

参考文献

杨涛.金融支持海洋经济发展的政策与实践分析[J].金融与经济,2012(9).

曹俊勇.海洋经济开发中金融支持的路径选择与政策建议——以广东江门为例[J].吉林工商学院学报,2015(1).

任洨燕.中国海洋经济开发中的金融支持问题研究[D].辽宁师范大学,2013.

章洪刚,王瑾.浙江海洋经济发展及金融支持问题研究[J].新金融,2013(2).

王鹏飞.金融支持海洋经济发展的若干问题与建议[J].区域金融研究,2012(11).

周传军.宁波海洋经济发展的金融支持对策[J].宁波经济,2012(8).

鹿丽,刘宁,刘宇.金融支持辽宁海洋经济发展的思考[J].大连海事大学学报,2014(6).

狄乾斌,周琳,董少彧."十三五"时期我国海洋产业发展的主要目标及推进策略[J].经济纵横,2015(1).

张海波,刘霖涌.我国商业银行发展海洋金融业务的对策研究——以中国建设银行宁波分行为例[J].特区经济,2015(1).

郭健,郑琪.舟山群岛新区海洋经济发展现状与问题探讨[J].农村经济与科技,2012(6).

朱远思.现代海洋经济金融支持模式探析[J].中国集体经济,2012(22).

鹿丽,刘宁,刘宇.金融支持促进辽宁海洋经济发展的思考[J].发展研究,2014(1).

张雍.促进舟山海洋经济发展的金融支持的思考[J].中国外资,2011(6).

吕铁,余剑.金融支持战略性新兴产业发展的实践创新、存在问题及政策建议[J].宏观经济研究,2012(5).

章薇婷.浙江财政扶持海水养殖规模化经营的实践与思考[J].中国财政,2013(22).

2012 年宁波海洋经济发展形势及 2013 年展望[J].经济丛刊，2013(2).

Hilde M. A. Meersman. Port Investments in an Uncertain Environment. Research in Transportation Economics . 2005.

课题组成员:陆海伟、赵宇斌、徐佳杰

中国海洋金融问题研究——以浙江舟山群岛新区为例

10　浙江舟山群岛新区助推中小企业发展的科技金融体系研究①

【摘　要】　加强科技和金融的结合,是加快经济方式转变的重要保证。本章以浙江舟山群岛新区为例,在分析浙江省海洋新区面向未来,培育战略性新兴产业,提高自主创新能力的重大战略基础上,研究推动其科技创新与金融创新的具体结合策略,以期促进该地区实现产业结构调整和经济增长方式转变。

【关键词】　科技金融;中小企业;对策研究

浙江舟山群岛新区作为国务院批准的首个以海洋经济为主题的国家战略层面新区,海洋科技型中小企业是其重要经济增长点,也是舟山经济诸多矛盾的聚焦点之一,因此,做好海洋科技型中小企业金融服务对于促进海洋经济发展具有重大意义。近年来,舟山群岛新区海洋科技型中小企业金融服务取得明显成效,但同时也面临诸多问题和挑战,需要多方联动,共同推动海洋科技型中小企业金融服务体系的转型升级。

其中,充分发挥科技金融领先优势和创新资源密集优势,在先行先试的政策下促使科技金融创新融合,促进海洋经济结构优化和发展方式转变,可以有效缓解当前经济发展中海洋科技型中小企业融资难的问题,从而进一步加大金融机构、金融市场、金融服务方式、金融产品与科技有效结合机制的创新力度,设计浙江舟山群岛新区海洋科技型中小企业与金融深度合作、健康快速发展的"舟山模式"。

---

① 以上数字来自于岱山人民银行年度金融形势分析报告。

10.1　国内外科技金融发展模式分析

10.1.1　国外科技金融发展模式

(一)美国科技金融发展模式

美国科技金融发展的范围覆盖全国。为支持科技金融创新美国政府出台了较完善的政策,同时建立强大的财政税收政策和完善科技孵化器来保证科技发展,如美国马萨诸塞州的"波士顿 128 公路"、加利福尼亚的"硅谷"等高新技术产业区域的出现,解决了科技型中小企业发展的资金链问题,极大地促进了科技金融结合的发展创新。

(二)日本科技金融发展模式

日本通过制定政策性金融促进科技金融发展。国内成立中小企业厅等多个专职的政府机构,大力支持科技金融,为中小企业提供良好的技术和资金信息平台,促进了科技与金融有效结合,并在此基础上建立 9 个政策性金融机构(具体详见表 10.1),促进科技金融的发展,这些机构长期为科技创新企业提供优惠、稳定和安全的贷款。此外,日本构建了完善的法律体系,为政策性金融的发展提供有效的法律保障。

表 10.1　日本九大政策性金融机构

机构名称	设立时间	2006 年度末贷款余额(万亿日元)	贷款对象	改革后的状况
住宅金融公库	1950 年	44.97	个人	2006 年末废止
商工组合中央金库 日本政策投资银行	1936 年 1999 年	8.54 12.40	中小企业 基础设施建设	2008 年 10 月实行股份公司化并最终民营化
国民生活金融公库 中小企业金融公库 农林渔业金融公库 国际协办银行	1999 年 1953 年 1999 年 1957 年	8.60 7.11 2.96 19.05	小企业、个人 中小企业 农林水产业 涉外经济活动	2008 年度统一为政策性金融机构 (包括国际协力银行的国际金融部门)
公营企业金融公库	1957 年	24.59	地方公共团体	废止后移交地方管理
冲绳振兴开发银行	1972 年	1.23	冲绳产业开发	保持现状至 2012 年度

资料来源:根据《知识·情报 2003》和日本财务省《政策性金融机构公正合理运营报告 2006》整理。

（三）韩国科技金融发展模式

韩国的银行对科技创新给予了长期低息贷款，同时政府实施了多项科技计划，包括"产业技术开发计划"、"科技振兴五年计划"和"科学技术基本计划"等，这些计划通过政府组织协调各方资源支持企业科技创新，为企业科技创新提供充裕的资金和技术，极大程度上改善了中小企业发展面临的融资难问题。

10.1.2　国内科技金融发展模式

从国内看，地方政府充分意识到科技型中小企业发展的重要性和存在的融资难问题，出台了一系列政策及措施促进当地科技型中小企业的发展。

（一）江苏省及苏州科技金融发展模式

江苏省人民政府在结合自身优势于 2011 年改革创新了科技金融机制，设立了银行贷款增长风险补偿奖励资金和科技成果专项转化资金，并把财政科技投入机制创新放到了重要的位置上。苏州市通过设立科技型企业信贷风险准备金制度，积极开发信托产品，成立科技小贷公司，成立再担保基金、设立股权投资企业等做法，探索科技金融发展的路子，走在了全国前列。

（二）浙江省及杭州科技金融发展模式

浙江省先后制定出台了《浙江省鼓励技术要素参与收益分配的若干规定》、《浙江省鼓励发展风险投资的若干意见》、《关于浙江省金融支持科技发展的指导意见》和《浙江省专利权质押贷款管理办法》等一系列相关政策文件。2012 年 10 月浙江省成立股权交易中心并开设成长板和创新板积极鼓励相关科技型企业上市。杭州市通过成立杭州市创业投资引导基金，创新融资担保体系，参照硅谷银行组建杭州科技支行、增资国有政策性担保公司，走出了具有一定特色的杭州科技金融发展模式。

（三）上海市及张江园区科技金融发展模式

上海市通过完善科技企业融资担保体系和信贷服务体系、加大科技金融创新的力度、加快拓展市场的直接融资、依托科技园区加大对早期科技企业资金支持的力度、加快科技金融信用和服务环境的建设、建立科技企业与金融机构对接机制等重要的六个方面，有效地推进了科技金融服务创新和科技企业的发展。2012 年 3 月底，交通银行上海市分行在张江园区宣布正式落户了"科技金融创新试验基地"。张江集团作为我国自主创新示范区核心园的开发主体，其在人才集聚、股权激励、金融服务、财税支持、管理创新等五个方面推进创新改革，并构建多样化金融组织体系、完善科技金融资本市场体系、发展中小企业征信体系，创新科技金融产品，生成科技金融生态链，从体制和机制上找到突破，解决科技型中小企业融资难的问题。

（四）武汉东湖高新区科技金融发展模式

武汉东湖高新区是全国首批国家级高新技术开发区，园区内科技金融体系发展已经具有初步规模，所以金融支持示范区建设工作呈也呈现出创新活跃的态势。作为全国首批国家级高新技术开发区，武汉东湖高新区通过搭建金融科技创新平台，积极引导金融机构和其他社会资本加大对科技创新的投入，在创业投资、科技支行、科技担保、科技保险以及企业上市融资等方面，进行了富有成效的探索和实践，受到社会各界的广泛关注。武汉市政府部门通过引导金融机构和其他社会闲散资本进入科技创新市场，对于创新投资方式、建立科技支行、改革科技担保、创新科技保险以及公司上市募集资金等领域，组织了效果显著的探索和实践，也走出了一条适应自身市场发展的路子，受到了社会各界的关心。

10.2　舟山市科技金融发展现状及存在的问题

10.2.1　舟山市科技金融发展现状

（一）政府引导科技型企业与金融机构的合作

落户舟山市的各大金融机构在不断壮大自身实力的同时，也为舟山经济社会发展作出了重要贡献。在此基础上，舟山市政府积极与金融机构合作，尤其是与有关商业银行进行合作。全市金融机构继续认真贯彻执行稳健的货币政策，以支持舟山群岛新区建设和实体经济转型发展为工作主线，深入开展金融支持实体经济活动，加大金融总量支持，优化全市信贷结构，提升金融服务水平，全面提升货币信贷政策执行效果，积极发挥金融支持实体经济转型升级和推进舟山群岛新区建设的作用。据中国人民银行舟山市分行提供的数据看，2013年，全市金融总量实现快速增长。截至12月末，全市金融总量余额2507.04亿元，比年初新增243.89亿元，同比少增68.61亿元，余额同比增长10.8%。定海区作为金融发展实验区,金融环境进一步好转,金融生态环境进一步优化,从一定程度上缓解了科技型企业融资难的问题,尤其定海区改制成的海洋农村商业银行,为开展海洋科技金融提供了更有针对性的支持。

(二)政府出台促进企业改制上市的优惠政策

2014年5月,舟山市政府征求《舟山市人民政府关于加快建立现代企业制度推进区域资本市场发展的若干意见》,加大了推进企业上市,支持上市公司发展的政策扶持力度。鉴于很多区域性资本市场上市企业多为中小科技型企业,办法出台具有针对性。如企业在新三板挂牌的,由企业纳税地同级财政给予企业一次性50万元的奖励。在省股权交易中心挂牌的成长板、创新板企业,由企业纳税地同级财政分别给予企业一次性20万元奖励和一次性补助登记托管费0.5万元。同时对于在新三板和浙江股权交易中心或其他区域性股权交易市场实现股权融资累计达到1000万元,并且80%投在舟山辖区内的企业,由企业纳税地同级财政按一定数额比例予以奖励。

10.2.2 舟山市科技金融发展存在的问题

(一)政府资金对科技企业及股权融资的支持力度不够

初创期的海洋科技型中小企业由于风险高、轻资产的特点,很难从普通的融资渠道获得大量资金,若此时政府能提供有效的支持会很好地解决他们的资金链问题,帮助他们度过艰难的初创期。但在实践中,各级财政资金出于保值增值的考虑,更倾向于扶优扶强,并没有起到弥补市场失灵的作用。一方面,目前政府资金的贴息政策,大多是根据企业的收入、利润增长情况来决定贴息比例,早期科技型企业还没有产生盈利,也就无法获得政府贴息支持。另一方面,各部门支持重点仍偏重于贷款担保等传统信贷,对与科技企业特点更加匹配的股权融资、知识产权质押融资等方式,支持力度有待加强。特别是国际金融危机持续发展以来,舟山市科技金融中小企业的企业资产资质出现了很大的问题,2013年上半年曾发生过某国有商业银行暂停舟山市科技型中小企业贷款发放事件,中间虽有政府积极协调,但效果甚微。

(二)银行缺乏开展科技金融合作的积极性

目前在我国的银行体系中,大型商业银行占据主导地位。这些银行面临管理和考核上的制约,内部建立了严格的风险控制和绩效考核机制,外部银监会等监管机构则对资本充足率、不良贷款率等有明确的监管要求。由于科技型中小企业规模小、获得担保能力弱,使得对中小企业的信贷业务成本高、缺乏风险分担,普遍"不经济"。在这样的条件下,大型商业银行必然倾向于选择那些实力雄厚、单笔贷款数额大、放贷基本无风险的国有企业、大型民营企业作为主要客户,缺乏为中小型科技企业服务的积极性。舟山市近年来虽大力加大金融招商引资,但专门为中小型科技企业服务的中小银行、民营银行发育严重不足,对早期科技企业的服务很难到位。

(三)科技产业直接融资渠道不畅、发展急待加快

科技产业高速发展的当今社会,产业融资成为其最为棘手的问题。而直接融资作为产业融资手段的快捷方式之一,严重影响着一国经济的发展程度。然而目前直接融资渠道不通畅,发展滞后,严重制约了现代科技产业发展,主要表现在以下两方面:一方面,资本市场门槛过高。对于绝大多数早期科技企业来说,不仅主板上市绝无可能,通过中小板、创业板上市也困难重重。虽然"新三板"和浙江股权交易中心为中小企业直接融资开辟了一条新路,但目前挂牌企业依然零星可见。由于在前期上市的金鹰股份和中昌海运没有起到很好的财富积聚效应,很多企业觉得上市是"遥不可及"的"天方夜谭"。同时,债券市场不发达,在交易所上市的公司债规模太小,能够在银行间市场发行企业债、中期票据、短期融资券的,基本上是信用等级很高的大中型国有企业。另一方面,股权投资发展面临诸多限制。目前舟山市缺乏投资于早期企业的创业投资和长期资金来源,这也严重阻碍了直接融资进程,进而阻碍了企业的发展。在融资主体结构不平衡的情况下,舟山中小企业利用直接债务融资工具的融资力度仍十分有限。

10.3　推动舟山科技金融创新发展的思路与对策

笔者认为,当前舟山需要构建一整套完善的符合海洋科技型中小企业的融合科技信贷产品开发、创业投资引导、科技担保完善、科技保险支持、积极对接多层次资本市场并鼓励上市、科技小贷和海洋科技银行组建于一体的科技金融支撑体系,形成具有鲜明特点的符合海洋经济发展的科技金融"舟山模式"。

10.3.1 引进战略投资者,组建"海洋科技银行",降低科技型中小企业贷款门槛

在现有的海洋农商行基础上组建"海洋科技银行",降低科技型中小企业贷款门槛。"海洋科技银行"应实行单独的客户准入标准、单独的信贷审批机制、单独的风险容忍政策、单独的业务系统政策以及单独的专项拨款准备政策,按照"政府扶持＋银行授信＋担保公司"三者相结合的运行模式,实行独立核算、独立审计,合理配置风险,进而实现降低中小科技企业融资门槛和融资成本,提高中小科技企业融资成功率和融资效率,提升银行服务中小科技企业积极性的战略目标。从地方实践来看,上海、江苏、武汉和广东等地在引导资金支持科技成果转化、扶植科技型企业成长方面积极创新政府科技投入方式和机制,发挥了银行资金在支持科技成果转化、缓解科技型中小企业融资难等方面的主导作用。

10.3.2 设立"科技小额贷款公司",为科技型中小企业提供便捷的融资服务

建议在海洋产业聚集区设立科技小额贷款公司,制定贷款业务操作规程和贷款风险分类标准,开展科技型企业小额贷款、贷款转让、咨询业务结算业务。

10.3.3 积极支持开发适应海洋科技型中小企业发展的信贷产品

舟山海洋型中小科技型企业其业务终端多为大型企业,所以企业在业务发展中、在资金结算上均处于劣势,经常被企业拖延资金,导致资金回笼周期较长。建议银行机构在为科技型企业发放贷款时,将企业销售与现金流回收情况相结合,合理配置贷款期限。同时建议设立政府政策引导基金,以此基金为平台,筛选组织一批经营效益好,有市场前景且有真实融资需求的小微型科技企业,通过担保公司或者保险公司进行担保或保险后整体打包满足融资需求。

10.3.4 建立"科技担保公司",分担银行信贷风险

设立科技型企业贷款担保公司,发展科技型企业贷款担保业务。坚持支持发展与防范风险相结合、政府扶持与市场化操作相结合、开展担保与提高信用相结合的原则,以科技金融服务平台为载体,紧紧依托舟山市丰富的资源和优

势,搭建科技创新贷款担保平台。

此外,建议政府尽快出台《舟山市人民政府关于加快建立现代企业制度推进区域资本市场发展的若干意见》和引导企业主动对接主板、中小板、创业板的奖励政策,加大推进企业上市,支持上市公司发展的政策扶持力度。

参考文献

舟山市金融办.舟山市人民政府关于加快建立现代企业制度推进区域资本市场发展的若干意见[Z].2014.

田云,等.河北省科技金融发展的现状及制约因素分析[J].哈尔滨金融学院学报,2012(5):41-43.

肖泽磊,等.我国科技金融创新体系的构建及实证研究——以武汉市为例[J].科技进步与对策,2011(9):6-11.

房汉廷.关于科技金融理论 实践与政策的思考[J].中国科技论坛,2010(11):5-11.

杨学昌.嘉兴市科技与金融结合的模式与路径探析[J].嘉兴学院学报,2013(1):26-31.

杨勇.广东科技金融发展模式初探[J].科技管理研究,2011(10):31-34.

王汉伟.秦皇岛市科技金融工作的实践及对策研究[J].现代商业,2014(2):82-83.

课题组成员:潘越峰、许岚

索　引

后 记

近年来,在市委市政府的大力支持下,全市金融办系统共同努力推进课题研究工作,各项研究课题取得了积极的成效,在有效提升金融业务素质和能力的同时,也为下一步金融工作的推进提供了科学指导。为了继续做好课题研究工作,进一步树立海洋金融理念,充分打好舟山海洋金融牌,我们将前期的各项课题研究成果集结成书出版,一方面希望能够为海洋金融研究和实践提供一些科学参考,另一方面也希望通过这种方式激励全市金融办系统更好地开展金融研究和创新工作。

本书围绕舟山海洋经济发展特色,结合全市金融办系统实际工作,深入研究了舟山海洋金融发展的相关领域。本书共 10 章,分别由全市金融办系统 10 个重点研究课题组成,研究内容丰富、理论结合实际,对舟山海洋金融领域进行了诸多探索和发现。这些课题有对舟山海洋特色产业的金融服务和支持方式进行分析研究,并提出了可行方案,如舟山远洋渔业、塑机螺杆制造业等特色产业的金融支持研究;也有对地方金融风险防范、风险处置等特定地方金融工作方面的新形势、新做法进行了经验总结和研究分析,如具体介绍了企业风险处置的"预重整"这一新方式;更对舟山企业和项目引入各类资金、扩大融资渠道方面进行了探索和总结,如企业对接资本市场的方式,以及如何引入保险资金、PPP 融资方式、资产证券化等新的融资方式;同时本书还在争取金融政策创新、探索发展跨境金融、发展科技金融、县域海洋金融创新发展等方面进行了深入探索和分析,提出了新的见解和政策意见。

最后,感谢浙江大学王义中副教授以及浙大出版社对本书的大力支持,也感谢市金融办全办工作人员的支持和配合,以及定海、岱山、嵊泗等县区金融办的支持和理解。

林仙云

2016 年 8 月